AF417327

José María García del Monte

¿OTRA HISTORIA DE LA ARQUITECTURA DEL SIGLO XX?

Artículos (1996/2016)

García del Monte , José María
    ¿Otra historia de la arquitectura del siglo XX? : artículos : 1996-2016 / José María García del Monte . - 1a ed. - Ciudad Autónoma de Buenos Aires : Diseño, 2017.
    234 p. ; 21 x 15 cm. - (Textos de arquitectura y diseño)
    ISBN 978-987-4160-51-5
    1. Arquitectura . 2. Teoría de la Arquitectura. 3. Historia de la Arquitectura. I. Título.
    CDD 720.1

Textos de Arquitectura y Diseño

Director de la Colección:
Marcelo Camerlo, Arquitecto

Diseño de Tapa:
Liliana Foguelman

Diseño gráfico:
Cecilia Ricci

I.S.B.N. 978-987-4160-51-5

Noviembre de 2017

José María García del Monte

¿OTRA HISTORIA DE LA ARQUITECTURA DEL SIGLO XX?
Artículos (1996/2016)

¿OTRA HISTORIA DE LA ARQUITECTURA DEL SIGLO XX?
Artículos (1996/2016)

ÍNDICE

10   I. ¿OTRA HISTORIA DEL SIGLO XX?

22   Un lugar para el adiós.
     Tres notas sobre la Capilla
     de la Resurrección del cementerio de Turku

40   La Congiunta como juego de retales

50   Entre lo público y lo doméstico

62   Como el trazo de un niño

68   De la inteligencia como motor de la máquinas

80   Razones de una fascinación

92   Poética de la gravedad

104 Una explicación de la casa Echevarría

122 Una casa en Aravaca

130 Lo común extraordinario

134 ¿Cuán alta debe ser una torre para ser torre?

138 La sobriedad del viajero

146 **II. OBSESIONES Y QUERENCIAS**

148 Comparaciones odiosas

154 Mundos paralelos

158 El tiempo de la belleza

162 Experimentación en la edad del miedo

166 Todo bajo control

174 Los frutos del pensamiento

180 La fábrica de cuatro pies y el privilegio de la intervención

182 Madera de madera

192 Historia de dos magnolios

204 De las virtudes de lo antiguo

212 Contra la Gran Vía

218 Entrevista a Miguel Fisac

232 Continuará

I.

¿OTRA HISTORIA DEL SIGLO XX?

Cuando uno va descubriendo en primera persona la arquitectura del siglo XX las sorpresas son frecuentes. Confieso que quedé perplejo ante tantos descubrimientos de arquitecturas de las que nunca me habían hablado. El resultado de esa colección de sorpresas es la desconfianza respecto de las historias canónicas que estudié durante mi carrera. Creo que hay toda una historia por escribir y que procede volver a hacerse una imagen del siglo XX mucho más rica y variada que la que se nos suele contar.

Sin ir más lejos, dos hechos:

- Cuando escribí mi tesis doctoral descubrí que de la arquitectura brasileña del siglo XX sólo se contaba una historia oficial, cuyo protagonista era Niemeyer, y que parecía cerrarse dramáticamente con el advenimiento de la dictadura militar de 1964. Nada de Artigas, ni de Bo Bardi ni de Mendes da Rocha. Hoy han cambiado mucho las cosas, es difícil imaginar que en un pasado tan reciente nunca nos hablaran de esos arquitectos en las escuelas.

- Y por otro lado, si nos centramos en España, muchos de mi generación y de la generación de nuestros profesores consideramos maestros a Sota, Oiza, Corrales, Molezún, arquitectos todos ellos absolutamente invisibles para cualquiera de las más conocidas historias globales del siglo XX y muy poco conocidos fuera de nuestras fronteras.

Todo ello me he llevado desde hace tiempo a plantearme una pregunta recurrente: ¿quienes serán esos maestros silenciados de otros países?

La puerta está abierta para tratar de escribir esa historia que nos descubra un maravilloso panorama que ahora hay que buscar por retazos. Pero, ¿qué ha ocurrido? ¿Por qué tantas omisiones?

Probablemente son dos los factores principales que han condicionado casi todas las historias globales de la arquitectura. Por un lado, la voluntad de escribir historias coherentes, como si la arquitectura fuera el resultado de un diálogo continuo y lógico entre protagonistas diversos. Por otro, la tentación de hablar más de personas que de obras.

La suma de ambos factores lleva a orillar hitos aislados, raros, heterodoxos o difícilmente explicables en el marco de las dos condiciones previas.

Inger y Johannes Exner. Iglesia en Islev, Copenhague.

La pretendida coherencia y el afán de establecer supuestos diálogos continuos y lógicos surte el efecto de una horma que se impone como perspectiva previa al análisis de las obras. Así, conceptos como tendencias, agrupaciones, posicionamientos ideológicos, adquieren un relieve desmedido y deciden la aparición o no de un determinado protagonista en el relato.

Por otro lado, poner el foco en las personas desvía la atención de lo realmente importante, que son las obras. Sorprende que la atención a las obras sea tan escasa; las historias canónicas se definen mejor por la colección de personas de las que hablan que por la colección de obras. De ser las obras las importantes, otro sería el panorama, otros vínculos podríamos deducir, aun cuando sólo fuera, las más de las veces, una suerte de espíritu de la época común a muchas sensibilidades.

Desde esa perspectiva, actuar fuera de los cauces que más ruido hacen, llevar una vida discreta y centrada en el trabajo, tener una obra escasa o evitar la propaganda, ha solido traer como resultado el silencio historiográfico.

Juliaan Lampens. Casa Van Wassenhove, Bruselas.

Kiyonori Kikutake. Osario en el templo Toku'un-ji.

A modo de ejemplo, existe en la historia de la música pop una figura bien conocida en ese mundo, que es la del *"one hit wonder"*: aquellos grupos que en su trayectoria sólo logran el éxito con un tema, pero que resulta mundialmente conocido y reconocido por casi todo el mundo, hasta el punto de que, a pesar de ser tan popular, se ignora casi siempre su autoría. En la historia de la arquitectura esta figura existe también, con un matiz importante: que su obra tampoco es conocida amplia-

Klas Anshelm. Konsthall, Malmö.

mente, sino que corre de viva voz de uno a otro entusiasta, en forma de recomendación de viaje, mapa de google o entrada de blog. Algunos vamos coleccionando esos pequeños tesoros para cuando se tenga la oportunidad de visitarlos y así poder validar o no su calidad. No suelen defraudar y llevan a una repetida pregunta: ¿pero por qué diablos nunca oí hablar de esta obra?

Los viajes colocan todo bastante en su sitio, ayudando a entender personajes que desde la distancia resultan sobresalientes, pero que vistos en su entorno cercano son perfectamente explicables, hasta el punto de que a uno le hacen preguntarse ¿y por qué éste sí y aquél no? ¿Por qué este arquitecto logró el reconocimiento mundial, pero de aquél, tan bueno también, nunca oímos hablar?

Algunos esfuerzos se han hecho para apuntar a la existencia de otras líneas de desarrollo de la arquitectura moderna, pero en conjunto han sido escasos. Sin embargo, la actual eclosión de otros cauces de conocimiento, como son los blogs y las redes sociales de fotografía, han permitido aflorar en igualdad de condiciones muchos ejemplos que sorprenden por su fortaleza y por su mirada limpia y fresca sobre los problemas de la arquitectura de su tiempo y lugar.

Tous y Fargas. Fábrica Dallant, Barcelona

Así que, con el tiempo, uno va coleccionando joyas, sorpresas, tesoros.

Y se encuentra con que es posible otro relato. Otra manera de entender lo que ha podido ser la arquitectura del siglo XX y un enorme acervo de experiencias con las que, por un lado, enriquecer el conocimiento y por otro, y esto es lo más importante, ampliar maravillosamente el placer de aprender más de arquitectura.

Este breve prólogo tiene su título entre interrogantes. En cierto modo es un anuncio de algo que me gustaría poder desarrollar en el futuro: escribir otra historia de la arquitectura del siglo XX que sea, fundamentalmente, un caminar placentero por todas esas experiencias que van construyendo un relato de increíble complejidad, riqueza, heterodoxia, sorpresa y disfrute.

Me conformo de momento con apuntar un listado de pequeños descubrimientos que han supuesto siempre una gran felicidad.

Los artículos que siguen tienen en común el haber sido escritos a lo largo de los últimos veinte años, que también son mis veinte años ejercicio profesional, así como el compartir una mirada a arquitecturas de las que nunca me hablaron o de las que, habiéndome hablado, no encuentro que

Raymond Kappe. Casa propia, Los Ángeles.

tengan la justa relevancia que merecen o que, pasado su momento de gran relevancia, quedan en silencio y es necesario una y otra vez acordarse de ellas para no olvidarlas. Agrupo de entre ellos un pequeño conjunto de cuatro artículos referidos a Brasil, lógica consecuencia de mi tesis doctoral, que desarrollan desde otra perspectiva ciertos aspectos que considero de interés y que, por otro lado, suponen un necesario cierre de ciclo.

No es casual comenzar por un artículo muy querido por mí, referido a la Capilla de la Resurrección del cementerio de Turku. Mi descubrimiento de esa capilla fue casi accidental: en un largo viaje en solitario que me llevó, disfrutando de la conducción, desde Madrid hasta Imatra por Dinamarca y vuelta a Madrid por los países bálticos y Suiza. Recalé en Turku por azar, pues era el puerto al que llegaba el ferry que me llevaba desde Estocolmo, pues recordé que ahí estaba la capilla de Pekka Pitkanen (a la que le debo un texto). Su visita fue impresionante y conmovedora. Una vez allí, recordé que también estaba esa capilla de Bryggman, la busqué y, al filo de su cierre, pude entrar apenas cinco minutos. Esperaba encontrar algún Asplund de segunda fila, un ejemplo de segunda mano de cierto clasicismo nórdico, pero lo que encontré fue increíble y me impactó

Pekka Pitkanen. Capilla de la Santa Cruz, Turku.

hasta la médula. Volví al día siguiente tan pronto como abría y estuve allí todo el día, impresionado, recorriéndola de un lado a otro, situándome en todos los papeles que cabía representar, descubriendo una arquitectura increíblemente narrativa. Me di cuenta de que era posible entenderla de pies a cabeza y de que me hablaba con increíble precisión y que esa capilla describía a la perfección en qué consiste la arquitectura. Escribí el borrador de ese artículo esa misma noche, en una casa en medio de la nada nórdica, impactado por tan inesperado descubrimiento.

Espero algún día poder escribir más largo sobre ella. Por el momento, saber que algunas de las apreciaciones que soy capaz de construir leyendo el edificio, eran realmente, y está documentado, intenciones expresas de Bryggman, supuso la confirmación de que esa emoción no estaba desencaminada. Bryggman tuvo en esa capilla un increíble momento de lucidez, en que todo su saber convergió en uno de esos edificios que supera, de modo inexplicable, la calidad media del resto de la obra del autor, pero que al tiempo lo justifican por entero. Si tengo que explicar en qué consiste la arquitectura, lo tengo fácil: sólo tengo que mostrar la inmensa humanidad delicadeza, dulzura y sabiduría que está allí condensada.

Takis Zenetos. Casa Kavouri, Atenas.

Me gustaría, en fin, que esta colección de artículos fuera un primer avance de algo más sistemático. Espero que la vida me depare la posibilidad de desarrollarlo.

Cierro esta introducción, o quizá mejor abro un camino, con un listado de esos pequeños descubrimientos a los que me refiero, que poco a poco han ido construyendo una muy personal historia del descubrimiento de la arquitectura. Es difícil concretarla, porque algunos de estos nombres no son tan desconocidos, pero también es cierto que no se habla de ellos; seguro que un lector ilustrado conocerá a muchos, ahora bien, ¿les hablamos a los estudiantes de estos arquitectos? Ofrezco con esta lista una apertura de horizontes para unos estudiantes siempre atrapados por los mismos nombres: entre los clásicos modernos y los de moda del momento, queda espacio para una aventura de descubrimientos personales. Todo arquitecto, todo estudiante, debe llegar a ese día en que encuentra un edificio del que no le han hablado pero que es capaz de estimar por sí mismo y decirse "esto es arquitectura".

Hans Dollgast. Actuación en el cementerio
Sur de Munich.

Esta es una breve lista mía, personal, por supuesto. Me refiero a una
serie de arquitectos que cuentan con al menos una obra notabilísima.
A veces son varias las obras que merecen estudio; otras, sólo una obra
notable conozco, pero me hace suponer que, si ese arquitecto fue capaz
de esa obra, merecerá la pena buscar otras cosas que hizo. En ese sentido, es una lista en marcha, abierta, deseosa de crecer compartiéndola
con los descubrimientos de otros, para entre todos forjarnos una idea
diferente de ese siglo XX aún tan desconocido.

La ofrezco, en fin, como una invitación al placer. Porque, como dice Bor-
ges, en su poema "Un lector": "*Que otros se jacten de las páginas que han
escrito; a mí me enorgullecen las que he leído*":

Aarne Ervi

Aarno Ruusuvuori

Affonso Eduardo Reidy

Alfred Roth

Angelo Bucci

Aris Konstantinidis

Arne Korsmo

Atelier 5

Berthold Lubetkin

Carl Theodor Sorensen

Carlos Millan

Carlos Puente

Christian Frederik Møller

Craig Elwood

Decio Tozzi

Dimitris Pikionis

Dom Hans van der Laan

Eduard Neuenschwander

Eduardo de Almeida

Edwin Lutyens

Egon Eiermann

Eladio Dieste

Emilio Duhart

Erik Brygmann

Erik Christian Sorensen

Eva & Nils Koppel

Fabio Penteado

Fernand Pouillon

Flora Ruchat-Roncati

Frances Mitjans

Francesco Venezia

Gehrdt Bornebusch

Geoffrey Bawa

Gion Caminada

Giuseppe Vaccaro

Gordon Bunshaft

Halldor Gunnløgsson

Hans Dollgast

Inger y Johannes Exner

Jan Benthem

Jan Duiker

Joao Kon

Joaquim Guedes

Johannes Brinkman

José Luis Fernández del Amo

José Manuel Ruiz de la Prada

Jose Maria Fargas & Enric Tous

Josef Wiedemann

Jože Plečnik

Juan Sordo Madaleno

Juha Leiviskä

Juliaan Lampens

Jurg Conzett

Kaija & Heikki Siren

Karen & Ebbe Clemmensen

Kay Fisker

Kiyonori Kikutake

Kiyosi Seike

Kjell Lund

Klas Anshelm

Knud Friis & Elmar Moltke

Knud Peter Harboe

Knut Knutsen

Konrad Wachsmann

Lars Sonk

Leen van der Vlugt

Livio Vaccini

Luigi Caccia Dominioni

Luigi Snozzi

Mamfred Lehmbruck

Marco Zanuso

Mario Asnago & Claudio Vender

Mario Roberto Álvarez

Massimo Carmassi

Marcelo, Milton y Mauricio Roberto

Mogens Lassen

Nelson Bayardo

Nicos Valsamakis

Oton Jugovec

Paul Bonatz

Paulo Zimbres

Pedro Paulo de Mello Saraiva

Pekka Pitkanen

Peter Andrew Campbell Callebout

Peter Märkli

Pierre Koenig

Quintus Miller y Paola Maranta

Ragnar Ostberg

Raphael Soriano

Raúl Sichero

Raymond Kappe

Roberto Tibau

Rogelio Salmoná

Roland Rainer

Rudolf Schwarz

Rudolf Olgiati

Rui Ohtake

Sean Godsell

Sep Ruf

Sergio Bernardes

Sven Markelius

Takis Zenetos

Toivo Korhonen

Vilhelm Wohlert & Jorgen Bo

Viljo Revell

Vittoriano Viganó

Wilhelm Lauritzen

Willem Marinus Dudok

Un lugar para el adiós.
Tres notas sobre la Capilla de la Resurrección del cementerio de Turku[1]

Hay momentos de dulzura profesional. A veces los proyectos, sin previo aviso, van bien, todo parece encajar, se entra sin saber cómo en un círculo virtuoso en que cada decisión afianza y mejora la precedente, todo el proyecto fluye como con vida propia y la construcción no rebaja su aspiración, sino que la eleva. Momentos de plenitud, imposibles de convocar ni de prever, en que pareciera que un arquitecto consigue aquello para lo que ha estado preparándose toda la vida.

Es, sin duda, el caso de la capilla de la Resurrección, construida por Erik Bryggman (1891-1955) entre 1938 y 1941.

Bryggman, poco conocido por el estudiante medio, es escasamente citado como referencia, las más de las veces por haber estado asociado con Alvar Aalto durante los años de éste en Turku, ciudad donde transcurrió toda la vida profesional de Bryggman. Mientras uno siguió su camino a Helsinki, el otro quedaba en Turku, siguiendo una vida más silenciosa pero no menos trabajadora.

Este carácter oculto obliga a que haya de ser la sorpresa de la visita lo que, sin apenas preparación previa, descubra los valores de una obra que, por apenas estudiada, impacta con mayor intensidad; podríamos decir que es relativamente fácil acudir con poco más bagaje que las fotografías más o menos estándar de la nave principal... esta imagen sí iconografía habitual de la arquitectura moderna finlandesa.

La historia del proyecto y la construcción de esta capilla, desde el concurso de 1938 hasta la consagración en 1941, está suficientemente relatada en un texto de Janey Bennett (de título "Sub specie eternitatis", el lema elegido por Bryggman para el concurso) contenido en la monografía coordinada por Riita Nikula en 1991, año del centenario de Bryggman; no es, pues, momento para incidir sobre ello. Pero se diría que falta un análisis de lo que esta obra significa por sí, en cuanto a materialización del, a mi juicio, muy poderoso ideal de arquitectura: el convertirse en metonimia de una acción puramente humana, escenario y a un tiempo protagonista de un rito tan humano como el de la despedida.

Rito de despedida en que la grandeza de la obra le permite elevarse por encima incluso de consideraciones religiosas para pasar a significar,

[1] "P+C Proyecto y Ciudad" nº 3, Cartagena, 2012, pp. 37-46.

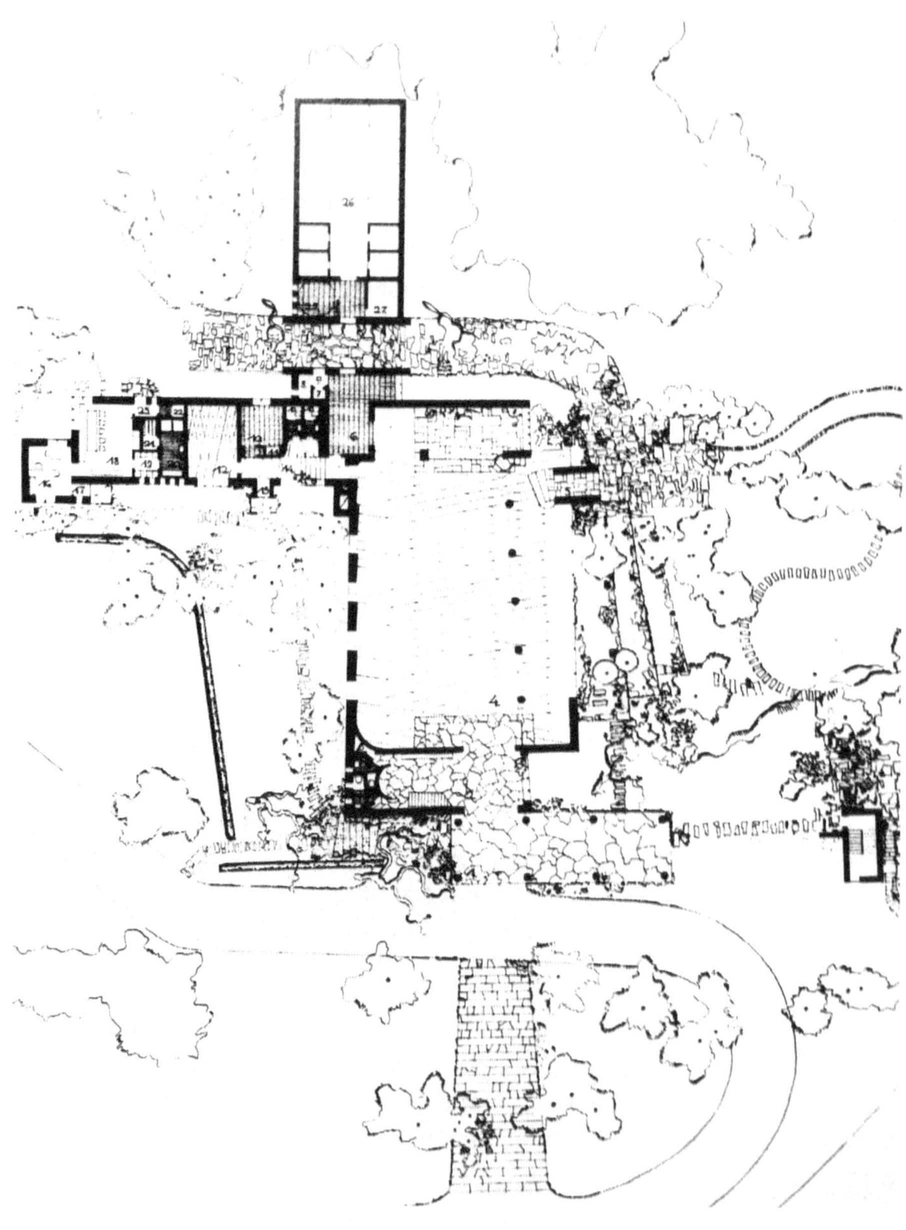

(1)

a representar, por sí, el sustrato que ampara al rito, la base profunda y universal del mito del adiós.

El objetivo de este breve texto, escrito a continuación de una intensa visita a la capilla, es el de analizar apenas tres puntos clave de ese intenso poema construido. Analizarlo desde los hechos y las evidencias concretas: las construidas. Imaginar lo que representan en la vivencia de la capilla y entender su constitución como explicación psicológica y fenomenológica de la representación de un rito.

El análisis, por tanto, parte de una experiencia de un lugar que hoy, ochenta y un años más tarde, apela a las emociones mostrándose como un cuerpo cierto y evidente de un modo de entender la arquitectura intenso y verdadero: como un amparo de la naturaleza humana.

El lugar, un escenario para el adiós, está vivo, profundamente vivo: siempre a un paso, testigo de ese adiós repetido mil veces, que no puede darse sino desde esta "orilla".

Material hay para un análisis completo, casi pieza a pieza, elemento a elemento; pero éste es un primer ensayo y el espacio limitado, por lo que acudiré a los tres estadios clave que configuran el rito: llegar, estar, marchar. Y varios leit motif (delicadeza, respeto, temor) reunidos un uno solo: compasión.

UNO: LLEGAR

Dos caminos llegan a la capilla. Uno, directo, frontal, enfrentado al atrio, bajo, llega subiendo. Otro, tangente, sólo roza y se desdobla.

Ambos se cruzan y parte allí una escalera tranquila, lenta, amable... hay demasiados pensamientos agolpados para pensar en cómo subir con dignidad una escalera que a su vez se retira lenta, discreta, elegante, evitando herir al árbol que estuvo allí mucho antes de que la escalera fuera pensada.

Algunos vienen en automóvil, son subidos lentamente por la máquina y se apean una vez hecho el esfuerzo que por cortesía el auto les ha ahorrado.

(2)

Todos se encuentran arriba.

Encuentros doloridos, sorpresas, cómo pasa el tiempo... es el espacio de lo social, un paso atrás y a un lado. ¿Quién es nadie en ese día para situarse en el eje de la iglesia? Quizá sólo el muerto, al fondo... pero no se le ve. Algo dice que nadie más puede permanecer en ese lugar de privilegio... pero no está, tampoco está, sólo está su memoria, ese cuerpo que fue suyo ya no lo es, y quién sabe dónde él se encuentra.

Acudimos a despedirlo con el susto aún en el cuerpo, necesitamos sentirnos vivos, conversar, charlar, saludar, sentir en los apretones de manos que aún fluye la sangre por las venas, conjurar el miedo en el apretón a otro a quien a través de esa fuerza pedimos auxilio y consuelo.

Todo eso no, no puede hacerse en un eje que siempre fue sagrado y que hoy lo es más. Pero no es el eje de la religión, no es el eje de la naturaleza, no es el eje, por tanto, de la iglesia. O sí, lo es, pero no es el punto medio, el canónico, el del dios, sino el del hombre a quien se despide, protagonista involuntario y por una vez no azorado.

(3)

Quienes aguardan lo hacen apartados de todo protagonismo, humildes, actores secundarios que no quieren aspirar a más, de una tragedia siempre azarosa pero siempre repetida.

Como si por superstición fuera, todos, saludándose y sin ser conscientes, se apartan de ese camino que un día se los llevará, uno a uno, a todos por delante.

No sabemos si llueve o nieva y el atrio protege, no sabemos si hace sol y el atrio protege... sí sabemos que hace miedo... y el atrio protege. (3)

En la evolución del proyecto el atrio ha ido cobrando forma y cuerpo; fue centrado, fue aislado, no fue... En el desplazamiento se consigue ese juego de múltiples lecturas de ejes contradictorios: el de la iglesia, el de la nave, el del altar... y todos ellos finalmente orquestado por el del difunto, que aguardará en su túmulo frente al altar, centro inevitable de la despedida. Porque no hay otro eje central, no hay simetría, y aunque la percepción del lugar hace sospechar de un eje oculto, de una compensación entre las diferentes descompensaciones, finalmente la planta lo

(4)

deja claro: no existe ese teórico eje de la arquitectura. Pareciera que el arquitecto se niega a crearlo, a configurarlo. Al revés, todo se muestra desencajado, equilibradamente desencajado. Como el atrio.

El atrio es elegante, bajo, amable, no impone sino que protege casi amorosamente, es un techo a la altura justa para no ahogarse pero para no imponerse con monumentalidad. Turku es una provincia y se diría que las despedidas son más íntimas, como en familia.

Tampoco la cruz se impone: allí arriba, queda visible sólo desde lejos, no es omnipresente en ese sitio de espera desde el que quizá alguno prefiera seguir la ceremonia observando por las ventanas su devenir mudo (ventajas de la asimetría).

La cruz, dorada, se despega de la fachada y marca una sombra imposible sobre el revoco, es una y tres (ella, el bajorrelieve y su sombra); pero a la altura de las personas un bajorrelieve triunfante habla de la vida, de una vida que quizá gane también sobre las sombras de la muerte, aunque también quizá sea una fábula... Que no sea en ningún caso la arquitectura la que lo ponga en duda. Recordémoslo: es la capilla de la resurrección y ¿quién, más allá de la fe, no quisiera que fuera cierta? (4)

Este atrio amable es, en fin, el espacio de la sociedad, del dolor mitigado por la distancia, del shock antes del llanto. Mientras, los familiares direc-

tos esperan en una sala en la esquina opuesta del tempo y no aparecerán
has que comience la ceremonia: su dolor no es importunado por otras
ceremonias, las sociales, que no son sino la constatación dolorosa de
que la vida sigue. Pero la arquitectura debe, por un momento, negarlo.

Hay algo de doméstico que esas columnas extrañas también transmiten,
con un leve éntasis, como sus referentes clásicos, pero con un revestimiento deliberadamente humilde y cotidiano: piezas cerámicas colocadas en vertical que, rescatadas de su cotidiano uso de revestimiento
neutro, conforman el eco de las acanaladuras de un templo que una vez
fue su antecesor. Sin basa, como hundiéndose en el suelo; sin delatar el
apoyo de la losa, como naciendo del suelo. (5)

Todos los encuentros denotan un último sentimiento de respeto, de cuidado, de temor a hacerlo todo evidente, *noli me tangere*.

Llega el momento de abrir la puerta. Un frente vegetal, las puertas hacia
el paraíso, quizá; el friso donde despistar, donde dejar vagar, donde perder la mirada. (6)

Pesadas, claro. Una cosa es la amabilidad. Otra muy distinta callar la
realidad del mundo. De éste. Es muy necesario sentirlo.

Abiertas las puertas, el drama se revela: al fondo, inexorable, el catafalco.
Aunque aún hay un espacio previo de civismo, de amabilidad, un sencillo
lugar donde dejar abrigos y paraguas, subir al coro sin molestar, respirar
antes de traspasar una segunda puerta, vegetal, con esa blandura de lo
verde, figura del paraíso a través del cual quisiéramos ver la despedida.

Pero abierta esa puerta, ya no hay más remedio ni distracción: allí está
el catafalco, al fondo, presidiendo ese eje ante quien nadie se interpone.
Sorpresivamente, nadie media, el mundo de los vivos queda a un lado,
respetando también ese eje brutal que conecta en ese momento con
el único que, ausente, paradójicamente importa.

Y a pesar de todo el civismo, de toda la delicadeza hay un segundo brutal: el recuerdo del motivo del encuentro, la cruz al fondo y nadie más en
ese eje. El baldaquino a un lado, los ejes confusos, múltiples, extraños.
En ese momento sólo hay un único protagonista presente/ausente... es
que nadie más quiere encontrarse en su camino, así que, respetuosa-
mente, todos se apartan.

(5)

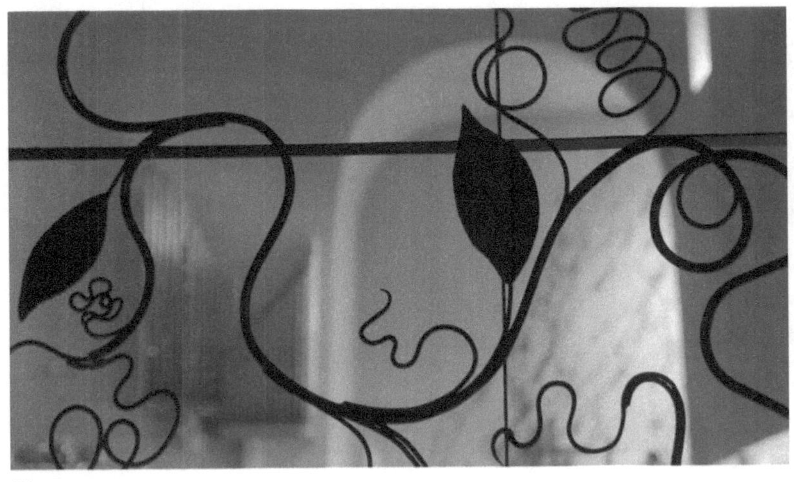

(6)

DOS: ESTAR

Sí, hay que apartarse, hay que congregarse con los vivos, evitando esa confrontación brutal. Todos a un lado, pues, a un solo lado, nada de simetrías.

Bancos ladeados y oblicuos, que sea rápida esa "huida" del eje, ese apartarse del protagonismo.

Sentados la mirada se pierde. No podemos estar mirando al altar, no podemos mirar al túmulo, no podemos sino descubrir con alivio que allí fuera hay un bosque, hay sol, hay verde... hay un mundo vivo al que sentimos con intensidad pertenecer.

La mirada vaga aliviada, podremos escuchar el oficio con la libertad de dejar vagar la vista en la distancia, en ese sol que un día despejado bañará hasta bien entrada la nave, quizá hasta ese eje que, iluminado, parecerá menos terrible.

Pero hay más: la nave es casi simétrica, lo vimos, pero no lo es... tampoco lo es a la hora de vivirla (la vida no aguanta la tiranía de la simetría y se escapa a la más mínima ocasión). La nave derecha, de menor altura, precisa estar vacía, necesitamos que nadie moleste esa mirada al bosque, auténtico respiro del alma.

(7)

Por ello, la línea de columnas enmarca la alineación de coronas, de ofrendas florarles, de regalos a un difundo que no son por para él sino para quienes viven. La mirada se posará, en primer término, en esas coronas con cintas que recuerdan a quienes tanto querían o apreciaban o admiraban o estimaban al difunto. Ofrendas al ausente que no son sino regalos al presente, consuelo para los vivos, que, quizá, piensen que fue grande en vida quien deja un gran vacío, quien merece un intenso recuerdo... ofrendas que no son sino su materialización pálida pero real. Flores con significado afectivo, con trasfondo de sociedad, en un primer marco que destaca el segundo estadio, el de esa naturaleza que, injustamente, se ha levantado soleada (algo dice que en toda despedida debería tronar y acompañar en la tristeza, pero algo dice que sólo ese sol traerá consuelo, en el mismo momento en que esa naturaleza empieza a trastocarse y devenir metáfora de la vida, quizá lo que más ansía celebrar quien la contempla). (7)

Mientras, los familiares siguen ausentes, su dolor es respetado y se evitan pésames, besamanos, desfiles siempre embarazosos, de quien no sabe qué decir a quien no tiene nada que responder, sino acaso una mirada, probablemente perdida.

No, no es momento de sociedad, sino de soledad, no es momento sino para aparecer discretamente, cuando ya todo está preparado para el oficio, apenas unos segundos antes de que el oficiante haga acto de presencia.

Los familiares tendrán, además, un momento de reflexión, un momento para recomponerse, para acompasar el paso, para rehacer su compostura antes de entrar en la nave, llena para entonces de una suma de preguntas y descanso de ojos perdidos en lo verde... momento para entrar discretamente y evitar el embarazo de una atención que no sería el momento de recibir.

Sentados ya todos, miradas perdidas buscando el consuelo, es tiempo de que haga su entrada, también discretamente, el oficiante. También éste recibe el regalo de la distancia, de no afrontar duramente la inmensidad de la nave (todo lo humano es inmenso en ese preciso instante); es necesario que una puerta casi doméstica abra a un rincón de altura contenida, que un soporte haga de friso pero también de escudo mediador. Al fin y al cabo, es "sólo" otro hombre quien aparece en escena. (8)

El oficiante se dirige lentamente al baldaquino atravesando para ello el altar, se detiene un momento, se gira a la cruz frente a la cual se prostra un momento y continúa su camino.

El altar ha llamado la atención. Estamos en un templo de la Reforma y sin embargo parecería de la Contrarreforma: de cara al testero y a la cruz, diríase concebido para decir misa en latín y de espalda a los feligreses... algo falla, algo no se entiende...

Pero el oficiante sigue cambio al baldaquino y todo cobra sentido, aunque para ello debamos tomar partido y cambiar de lugar, poniéndonos en el suyo. Subamos, pues, al baldaquino y miremos desde allí. En medio de una calma tensa se oye el roce nervioso de alguna ropa, todo ansía un acomodo, un encaje, un orden que, en el extremo caos, dé sentido a la ceremonia.

Como un rompecabezas súbitamente resuelto, de repente todo cobra sentido. El oficiante es la referencia, quien tiene el control y el secreto del mito y del rito (tal vez ambas cosas sean lo mismo) a su disposición. Es, dicen el sumo sacerdote. También el director de orquesta.

Una panorámica de izquierda a derecha nos muestra el modo en que el oficiante controla la "escena" al completo, desde la mirada al bos-

(8)

que hasta el altar, el cual, ahora toma sentido: es un altar, sí, contra el retablo ausente , hacia la cruz, pero no porque se oficie de cara al altar, sino porque resulta compartido entre los feligreses y el sacerdote: todos ellos miran del mismo modo hacia el altar y comparten una tensión hacia allí. El sacerdote no es protagonista, no se interpone, sino que comparte una misma relación, que "administra" sin interferir. Porque, una vez más queda patente, no hay otro protagonista que aquél a quien se despide.

TRES: MARCHAR

La mirada vaga indecisa entre el paisaje, el oficiante y al altar, altar desnudo que por siempre deberá estarlo ante el retablo que nunca fue.

Situémonos en la primera fila, allí donde se sentarán los más directos parientes del despedido, aquellos más necesitados de consuelo.

Su mirada al paisaje se encuentra con la profunda puerta de salida, esa puerta que marca un cambio que continúa hacia el más allá… ojalá fuera hacia el más allá, se dirá… y en este aspecto la iglesia muestra ese regalo de no forzar a regresar por donde se entró, no es un cambio de ida y vuelta, sino un cambio sin retorno (como la vida) que acaba en un "otro mundo" (como la vida) del que no se vuelve (…como la vida).

De repente, sin embargo, algo se percibe extraño en esa puerta de salida (hay puertas de salida como hay puertas de entrada y han de ser, lo comprobaremos, necesariamente diferentes). Veamos los escalones, tendidos, de muy poca altura, excavados en el plano del suelo y que encauzan el caminar… Su trazado ligeramente curvo orienta el camino, orienta a la puerta hacia quien la ha de usar. Y ese quién no es el despedido, sino quienes le despiden. Por eso, su trazado no es recto y directo al túmulo, sino un breve arco que desvía la intención hacia quienes desde los asientos acudirán a salir, en cortejo, por esa puerta camino del bosque. (9)

Parece natural pero… parecería haber un error muy elemental: si seguimos ese trazado, el eje viene a chocar con la última (o primera) de las columnas… Hay algo raro, difícil de explicar, difícil hacerse a la idea de algo no pensado, de un error o un accidente.

Como siempre, ante una extrañeza, probemos a ver las cosas desde el otro lado, quizá ahí haya una explicación. Y no cabe duda que debe haberla, pues algo tan claro no puede no ser pensado.

El otro lado… "este" lado.

Volvamos pues al lugar donde estarán sentados, asistiendo al oficio, los allegados del despedido, vayamos a la posición de preeminencia, donde estará el hijo, la esposa, el nieto. Hagamos también el recorrido que seguirán el resto de asistentes una vez siguieran al cortejo, caminando

(9)

(10)

por el eje de la nave hasta doblar hacia la puerta y ser capturados por el ligero imantamiento de ese gesto del suelo...

Los unos encontrarán el soporte justamente en el eje visual de la puerta de salida, tapándola; los otros se acercarán a ese último soporte, cilíndrico, terso, y lo bordearán lentamente para encarar la puerta, la puerta de salida hacia ese otro mundo de ahí afuera. (10)

¿Sería aventurado afirmar que la escalera muestra un conflicto claro? ¿Y que tiene un significado? ¿Será el signo que nos indica desde dónde mirar para comprender? Vemos en las iglesias románicas, góticas, no

(11)

pocos mensajes claros a través de la imaginería, de la geometría, de la luz... Quizá sólo sea una casualidad, pero desde ese lugar privilegiado, desde el camino de acercamiento, el soporte oculta la puerta, pero de ese soporte arranca la escalera... como si en el fondo se dijera "sí, todo este discurso sobre la otra vida está muy bien... pero aún no, gracias". Ese soporte representa la vida, la pulsión, de permanecer, todo lo que aún está por hacer aquí... "largo me lo fiais..."

Pero al final, inexorable, el camino de salida. Y entonces éste es profundo, un túnel, un paso que no puede resolver el espesor sumario de una puerta.

Cogemos el tirador, flexible, y se adapta a la mano, sólo tras cogerlo toma su forma definitiva y comienza su acción. Cada cual, ineludiblemente, construirá su propio tirador y hará el esfuerzo de abrir esa puerta... (11)

Todos salen, en silencio, al bosque, el sol de cara, es necesario celebrar a la naturaleza, sentir el calor del sol, cegarse, embriagarse de luz.

El cortejo sigue su rumbo, se aleja, uno a uno todos salen, ensimismados, aliviados por la vida cotidiana que en su rutina permitirá pensar en otras cosas (o nos volveremos locos).

Ha sido un viaje, un tránsito.

Ha sido un adiós que habla de los que se quedan. *Carpe diem* y *tempus fugit*, sí. Pero al final la luz. Al final la vida.

El último, sin embargo, traspasa también la puerta y se da la vuelta para cerrarla, para dar por terminado el episodio. Para decir adiós al adiós y seguir viviendo...

Pero aún falta un último escalofrío.

La puerta, historiada, viva, vegetal, densa, profunda, pesada... no tiene tirador en su cara externa.

El último, desconcertado, otea la hoja, la palpa, la examina, intenta atraparla por el canto, impulsarla, cerrarla... pero no es posible sino muy a medias. Queda una rendija. No hay manera...

...porque no importa lo que quieras, lo que desees, lo que hagas, lo que intentes... esa puerta NUNCA lograrás cerrarla. (12)

(12)

La Congiunta
como juego de retales[2]

Globalmente, el caso de La Congiunta es poco menos que un milagro. O al menos esa sensación produce a un deslumbrado visitante, que descubre que hay un lugar en el mundo en que las cosas pueden ser como en los cuentos. Acudir al bar de Giornico temiendo haber sido objeto de una broma pesada. Pedir temerosamente la llave con la sospecha de ir a recibir una mirada de burlona condescendencia. Recogerla sorprendidos. Firmar ilusionados el libro de visitas. (1) Rastrear en él peregrinos de todo el mundo. Caminar. Descubrir el edificio a lo lejos y sin puertas. Comenzar a rodearlo. Sospechar, mientras la puerta no aparece, si no nos habremos equivocado y eso no es el museo, sino una central eléctrica. O una broma en forma de central eléctrica. (2) Encontrar al fin la puerta. Subir un peldaño, inseguro como saltar a un barco. Dar un paso atrás para abrir la puerta. Asomar la nariz como un niño travieso y sorprendido. Penetrar en un mundo de paz, luz gris, sonidos amortiguados y máxima rudeza. Comprobar que no hay luz artificial, sino soledad. Y que por tanto tenemos en nuestras manos el maravilloso y solitario placer de dejar pasar el tiempo, testigos privilegiados de un milagro, sin embargo, cotidiano.

La Congiunta es una "casa para las esculturas" de Hans Josephson. Así la presenta Märkli. Basta cotejar tres fotografías de esculturas de Josephson en tres ambientes diferentes: posando armónicamente en un taller, en un exterior o desnaturalizada en las salas supuestamente neutras de un museo convencional. (3) No hablamos sólo de textura, color o silencio. También de esa difícil cualidad que permite leer un espacio como algo alejado en el tiempo, fuera del presente, sin ser el pasado. El silencio elemental de La Congiunta es un silencio hecho de ruido. Construido con el silencio en que resuenan los sonidos lejanos. Como la luz hace corpórea la oscuridad. Una voluntad explícita de desnudez y primitivismo nos conecta con las esculturas, a cuya casa somos invitados regalándonos privilegios que la hacen también nuestra.

Algo hay, sin embargo, que no cuadra con lo esperado. La mirada inquiere. Aquí y allá asoman decisiones nada obvias. Los muros empiezan a narrar una historia; tranquilamente, sin estridencias, se desvela un discurso acerca del proceso de pensamiento que la construye. Sólo hay que

[2] Febrero de 2015 - inédito.

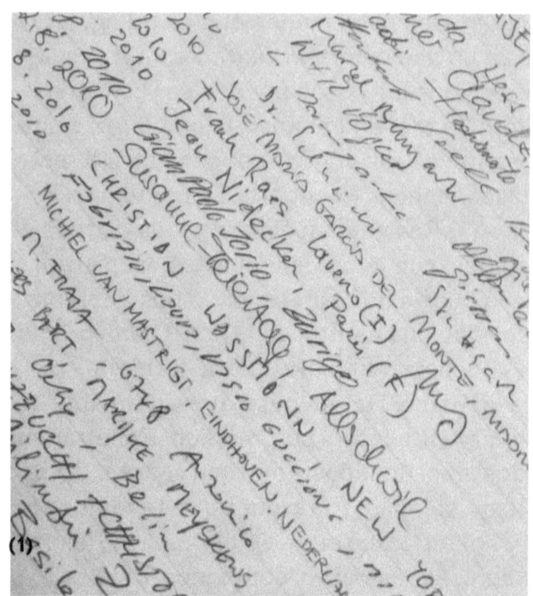

(1) Libro de visitas, primera visita del autor, en 2010.

seguir mirando para dar cuerpo a ese leve velo que envuelve sutilmente ese fruto tan rudo.

Miremos... volvamos afuera para una segunda visita, menos emocional y más analítica, analizando esos muros tejidos por huellas de encofrado que evocan la idea de vertido. Situémonos en la esquina suroeste y repasemos, mentalmente y con los ojos cerrados, la pauta que esperamos: un encofrado que arranca en el suelo, que va trepando hasta alcanzar la cornisa de cada nave; quizá una modulación por números enteros de tongadas, una suma de horizontales, de unidades masivas, primitiva adición de sillares *aggiornada*.

Pero no es tan obvio. Abramos los ojos. La trama de cada uno de los volúmenes se construye "por separado" y se encuentran sin más, sin esfuerzo alguno por articularse. (4) Comienza el replanteo en la esquina exterior, de modo que el fragmento siguiente resulta extrañamente (casi ridículamente) pequeño. Parecería un error de replanteo o resultado de una ilegítima libertad del encargado de obras. No. Sigamos más a la derecha... ¡Tampoco las cotas a que se sitúan las tongadas coinciden

(2)

entre naves! ¡Miremos ahora arriba, a la "cornisa"! La ley consiste en que cada muro remate limpio, coincidiendo con un módulo entero; pero las diferencias de altura entre naves no siguen ese ritmo: vence la voluntad sobre el módulo. La intersección con el cielo importa mucho. Arriba importa la exactitud, la construcción limpia del remate, que posibilitará a su vez la construcción limpia del plano de cubierta. Abajo, sin embargo, no importa cómo cuadre la línea dura del encofrado con la línea blanda del suelo; da igual, porque ese suelo, esa tierra, es el magma en que se sumerge el edificio.

Vaya ahora la mirada al volumen del lucernario y lo veremos independizarse, sumarse a las unidades inferiores, como si la cumbrera de la nave marcara una nueva cota de suelo, desde la que empezar a construir de nuevo.

Volvamos a leer completo este pequeño testero, lleno de contradicciones y juegos: el replanteo del tramo izquierdo comienza a la izquierda; el del derecho a la derecha; el tramo central derecho queda cortado (dos tramos pues casi iguales pero voluntariamente distintos); el tramo

(3)

central izquierdo es desproporcionadamente pequeño; las horizontales no cuadran; la junta vertical se corta en el lucernario, que tiene su medida. Y la medida no es la del encofrado. Aunque la construcción lo es todo. Bonita paradoja.

Vamos ahora al testero opuesto, en que abre la puerta. (5) Más intensidad en este discurso de retales. Debemos esperar que el hueco no resulte de la distracción de cierto número de módulos, que sus bordes no coincidan con líneas de encofrado. Así es: la trama del encofrado es rota traumáticamente por la puerta. Que tampoco está en el eje del testero (ni de la nave). Ni del lucernario (por poco pero no). Ni el lucernario está en el eje de la nave. Ni la puerta está en el suelo. Ni el peldaño vuela desde una línea de encofrado (de nuevo por poco, pero no). Se llega así por la adición a otro juego de desequilibrios: uno, dos y tres ejes se suman y crean un equilibrio inestable, en que ninguno de los elementos termina de ser el protagonista. Y todos ellos juntos lo son, evitando que el juego caiga en la obviedad: un centro que pudiera serlo, pero que no lo es porque es desplazado por el lucernario, desplazado por la puerta, desplazado por el encofrado...

Vamos dentro. Encontramos la misma discontinuidad de tongadas entre una y otra nave, que revelan la construcción intelectual (y material) del museo como suma de cuatro unidades adheridas entre sí. También el muro divisorio, como diafragma que no puede cuadrar ambas caras a dos naves de pautas diferentes, opta por sumarse a una de las dos: la primera y la tercera; la segunda realmente son sólo muros laterales que cierran el espacio entre medias.

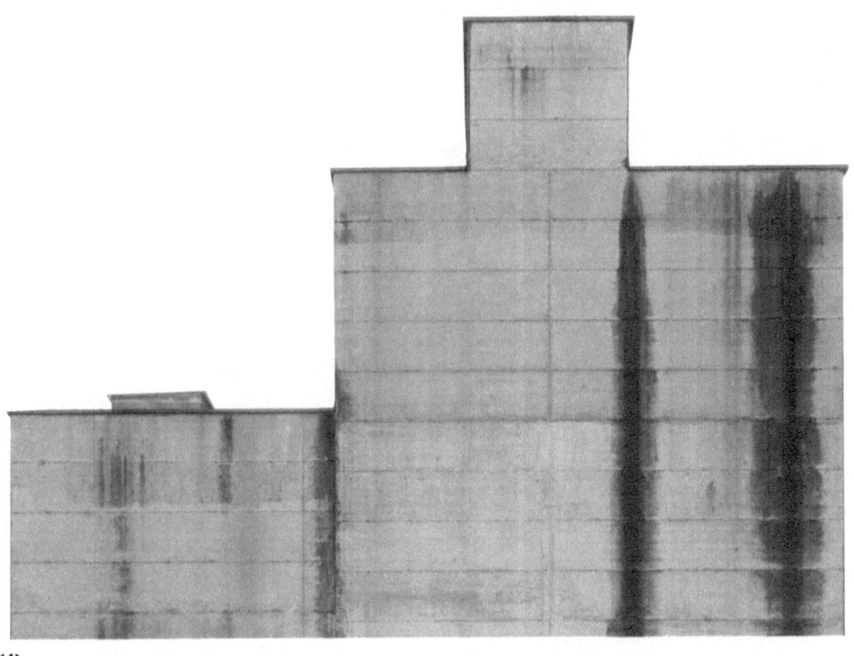

(4)

(5)

Vamos hasta la tercera de las naves, donde el juego de retales vuelve a explotar; fijémonos en las tramas del diafragma y del paño izquierdo (que da paso a las pequeñas salas laterales): el diafragma (que ahora sabemos que no es tal, sino la cuarta pared de la nave mayor) repite el juego de ejes visto en fachada, pero no los copia ni refleja (siendo su simétrico interior). Ahora se ha intensificado el contraste de la sutura vertical. Ya no tenemos dos divisiones horizontales, como en el primer lienzo que analizamos, sino tres, a todas luces "innecesarias". La nueva junta vertical tampoco es una simple línea entre piezas de encofrado: se ha añadido la huella de un listón de madera de los que se utilizan para cuadrar pequeñas distancias en encofrados. Y se sitúa deliberadamente de manera que el hueco de la puerta la intersecte y rompa

Se va construyendo contra la lógica del aprovechamiento obvio del material. Parecería que se ha jugado a construir con un número deliberadamente escaso de piezas de encofrado, para forzar al juego de cuadrarlas dificultosamente a la geometría de cada muro. Como si todo fuese inge-

(6)

nuamente primitivo y la construcción se hubiera plegado al orden básico de la disponibilidad de una herramienta. Como si la rudeza de la obra se hubiera impuesto al orden de la arquitectura.

Una mirada más, para terminar esta breve visita, para deshacer esa hipótesis de primitivismo. Fijémonos ahora en los huecos de las puertas, la del diafragma y las de las salas laterales, en sus diferentes cotas de dintel. Claramente más bajas las laterales, con su dintel a cota "cualquiera", independiente de las tongadas (y, como el resto, recortadas inferiormente por encima de la cota del suelo, convirtiendo así el hueco en problemático, en un discurso sobre la dificultad y la tensión de recortar un muro). Más alta la del diafragma, cuyo dintel muerde apenas la junta horizontal del encofrado. Podía haberse cuadrado, pero no, hay que hacer más, si cabe, "dolorosa" la herida. (6) Como si en esta sala (a la que este diafragma pertenece, por ser en realidad su cuarta pared), la más alta, la más homogénea, la más "equilibrada" y "tranquila", fuera necesario, precisamente por ello, que la voluntad expresa de

(7)

herir el tejido que la envuelve sea más intensa y violenta. Como si ante una natural afirmación del orden fuera aún más fuerte la ansiedad por alterarlo, por ponerlo en duda, por "molestar" a la mirada y construir con la contradicción, negando el orden tanto más cuanto más claro es. La puerta es una cicatriz; cuanto más duele la herida, mejor, así se es más consciente de ella. (7)

Como esas axonométricas que uno duda si interpretar desde abajo o desde arriba e incluso puede alternar a voluntad esas dos miradas, La Congiunta puede ser leída como masa primitiva o como delicada (y ruda) vestimenta de encaje (tejida a retales). Una y otra visión se pueden alternar sin más que entornar los ojos y hacer un leve ejercicio perceptivo. La Congiunta nos cuenta que todo es como parece al tiempo que nada es lo que parece. Y, por arte de arquitectura, ambas cosas son posibles a un tiempo. La antítesis de la ligereza y de la transparencia. Pero también la

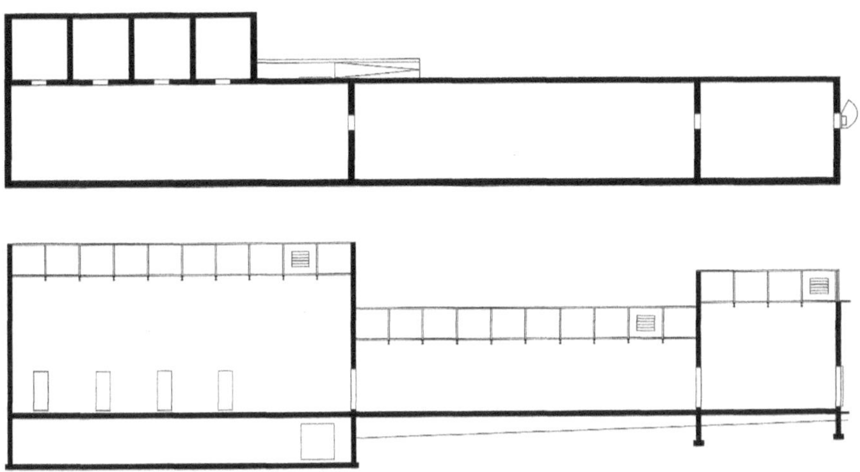

asunción de la cualidad tectónica de la arquitectura como protagonista
y rectora de la construcción, a la que no depura: se embarra en pos de la
limpidez.

Tela negada donde más duele. O quizá tejida para hablar de ese cuerpo
al que viste. De sus asimetrías. De sus cicatrices. Tela para la que la perfección es un ejercicio de vulgar banalización. Pues ya sabemos que la
belleza tiende a ser imperfecta. Por eso no se puede imitar. Sólo tantear,
con la esperanza de que por sí sola ocurra. Más allá de la voluntad del
arquitecto, quien quizá sólo puede aspirar a jugar convocarla. Y, luego, ya
veremos.

Entre lo público y lo doméstico[3]

Lo doméstico liga con lo privado. El ámbito de la "*domus*", es decir de la casa, es también el ámbito irreductible de lo personal, de lo privado de intromisiones, de lo que se puede cerrar a la visita e incluso a la vista de otros.

Pero lo doméstico no sólo debe entenderse desde esa oposición. También es el indicador del confort, de la relajación, de la comodidad, del sentirse dueño del lugar en que se está.

Lo público es de todos. En ciertas latitudes no es de nadie. Y ahí, entre esos dos extremos, la etiqueta y el decoro marca la condición de lo no doméstico. Cada casa es un reino, por lo tanto la etiqueta se relaja al criterio de cada cual. El derecho no entra en la casa de cada uno más que en cuanto afecte a la dignidad y seguridad de las personas. Pero las reglas son propias. Qué bien lo sabe el adolescente en sus primeras incursiones nocturnas y rebeldías: "cuando tengas tu propia casa marcarás tus propias reglas". Qué poderosa y vilmente lo entiende el totalitarismo cuando descubre que la más potente manera de amedrentar al ciudadano es entrar en su intimidad, es decir en su casa, romper las barreras de la puerta privada. Lo sabe el derecho, con sus órdenes de registro imprescindibles, lo sabe la Iglesia, con su derecho de acogimiento a sagrado. La casa del dios es su casa y las reglas de los hombres no surten efecto allí dentro.

Lo doméstico es también esa condición que nos hace sentir que allí podríamos vivir. Que podríamos estar, no meramente acudir de visita. Lo doméstico hace crecer un sentimiento de apropiación, de que ese lugar realmente nos pertenece porque ha surgido la semilla de la relajación, del bienestar, de la confianza. Lo doméstico, en este sentido, introduce sobre la condición de lo público unos matices que revolucionan el entendimiento de un lugar.

No hay más que tomar un ejemplo clásico para verlo: en un templo católico el zaguán es la entrada al lugar sagrado, más dintel que espacio previo. Fuera, el mundo, dentro, la concentración. La ceremonia. Uno no se espera encontrar un ropero, unas perchas, un aseo, en una iglesia católica. Sí en una iglesia protestante. Sí en Klippan, en Bagsvaerd, en Björkhagen. La iglesia nórdica protestante no es el templo de dios, sino

[3] Octubre 2015.

el lugar en que los hombres se congregan para celebrar a dios. No es una institución nacida de la representación, sino una expresión de la comunidad, una pertenencia común, un lugar de colaboración y de congregación. Es natural estar allí. Es natural dejar el abrigo en un armario, es natural entrar por una puerta de carácter doméstico y sólo una vez dentro descubrir el mundo complejo que allí se representa. No es casual que la fachada de la iglesia protestante tienda a no ser la cara del edificio, ni que su escala sea la de una casa grande o sus texturas las de la casa cercana, no tan lejana a su entorno.

La introducción de lo doméstico en un lugar tan marcadamente cercano a lo ritual altera totalmente el carácter de esos edificios, que permiten una segunda lectura mucho más intensa y enriquecedora. Claro, lo doméstico entra como expresión de una reforma religiosa pero no se sabe qué es antes. Si bien podemos afirmar que es el carácter de la iglesia de la Reforma el que produce ese enriquecimiento, no es menos cierto que la arquitectura contribuye a consolidar esa sensación, hasta el punto de hacerla irrenunciable. La Iglesia católica del post Concilio no ha conseguido esos grados de cercanía a la sociedad cotidiana como lo ha hecho la iglesia de la Reforma. Porque lo doméstico sigue lejos del mundo del templo. Se busca el acercamiento por la cercanía física, pero se olvida que la cercanía espiritual es la que realmente provoca y trastoca las relaciones.

Valga este ejemplo para introducir el tema: cómo la aparición de condiciones de domesticidad en un ámbito público puede modificar totalmente la percepción de un lugar. Me voy a centrar en un caso concreto, el de los museos y cómo ha evolucionado en los últimos treinta años el modo en que se ha entendido su condición de espacio público. El recurso a lo doméstico como modificador no se va a tratar desde condiciones táctiles, visuales o perceptivas, sino desde un intangible, en última instancia tremendamente tangible: el límite de lo público y comienzo de lo privado colectivo. En palabras más sencillas, el límite que en cada museo establece a partir de dónde se ha de haber pagado una entrada (es decir, un derecho de entrada) para seguir adelante.

Durante estas últimas décadas los museos han cambiado por una cuestión de mercantilización muy evidente. Si los museos, para Sota, eran sencillamente "un gran almacén de cosas buenísimas que se permite sea visitado", para un gestor cultural contemporáneo son instituciones que se ven como motores de turismo, actividad económica y espectáculo. El director de museo ha dejado paso al curador de prestigio; la meticulosa y paciente labor de micromecenazgo de cercanía, que podríamos decir que se había ejercido mayoritariamente en tiempos pasados, pasa a convertirse en una labor de obtención de financiación en toda regla. Del mismo modo que Di Stefano marcaba goles, pero ahora los ídolos venden camisetas (y se rentabiliza con ello lo invertido en ellos), un museo moderno ya no se sostiene por las instituciones públicas o por la venta de entradas, sino por la cantidad de negocio capaz de generar en torno a su actividad y, en su caso, a su especialización.

El concurso del Museo del Prado de 1996 fue muy singular por cuanto se puso sobre la mesa un estado de la cuestión que generó no pocas controversias, al fijarse en una serie de cuestiones que hasta entonces habían importado bastante poco a instituciones de este tipo. Y así se vio claro que había una carencia de servicios adicionales al ejercicio nuclear del Museo (tan sobrado de fondos que no faltaron voces que reclamaron "menos cafeterías y más salas de exposiciones"). Pero el Louvre ya había marcado un camino inexorable. El Guggenheim de Bilbao lo remató, hasta el punto de que juzgar la operación en términos de arquitectura resulta ridículamente escaso e insuficiente. Si ya entonces era fácil darse cuenta de ello, ahora mismo, con la perspectiva de veinte años, no cabe duda alguna del carácter de la operación.

Esta transformación supone además una modificación radical del modo en que un museo debe recoger y acoger a sus visitantes. Una mirada a unos pocos ejemplos nos muestra esa evolución de manera evidente: así, resulta sorprendente, con la mirada de hoy, analizar en este aspecto las plantas del Museo de Arte Romano de Mérida (1986) o del Museo Provincial de León (1984), de Moneo y Sota, respectivamente. En ambos casos el visitante encuentra una taquilla tan al principio de su experiencia museística que llega a no contar casi ni con un mínimo amparo. Como en las taquillas de los cines, directamente colocadas en las fachadas del edificio, quien en tiempo lluvioso acuda a estos museos se encuentra con la inexorable obligación de hacer cola a la intemperie. Es mas, en el caso de Mérida, la librería y tienda de recuerdos queda dentro de los límites de la zona de pago, puesto que éstos coinciden íntegramente con el perímetro del edificio. Si se quiere comprar algo en esa tienda se ha debido pasar el filtro de entrada, lo que significa, a día de hoy, pagar. Dicha condición

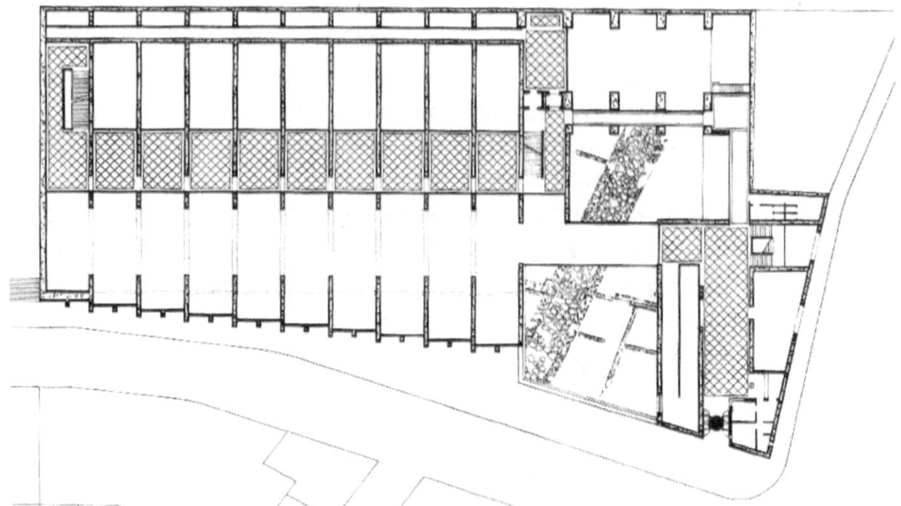

Planta del Muaeo de Arte Romano de Mërida. Véase cómo la taquilla abre hacia el exterior del edificio, un mínimo zaguán cubierto pero que realmente no es sino el espacio breve de la puerta. Fuente: revista "AV Monografías" n° 36, Madrid:1992.

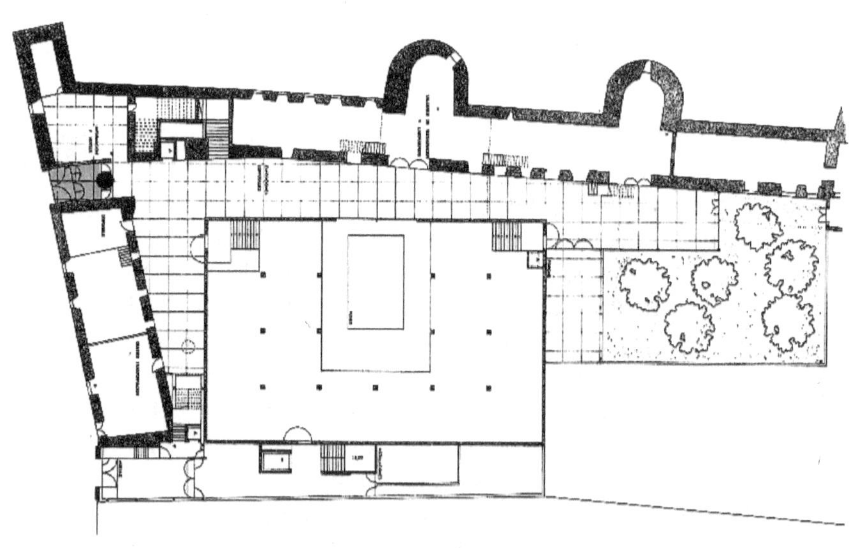

Planta del Museo Provincial de León. Mínima expresión del espacio previo. Apenas un cortavientos.
Fuente: Sota, Alejandro de la "Alejandro de la Sota: Arquitecto", Madrid: Pronaos, 2003.

supone un freno a esa fuente paralela de ingresos, pero también explica el escaso desarrollo de dichos equipamientos.

El esquema mental es claro: "entrar a un museo" es traspasar su puerta. Y sólo la traspasará quien tenga claro que va allí a dedicarle un tiempo museístico, por encima de todo.

El museo así concebido se configura, como el de León, en efecto, en una caja que alberga piedras preciosas. Una caja que a su vez merece una mirada especial, en tanto que arquitectura. Y que en el caso de Mérida resulta tan distante de la posterior aclamación del modelo blanco y pretendidamente neutro; antes que eso, es una escenografía, pero es sobre todo eso y casi únicamente eso. No deja de ser esa caja a la que decidimos entrar o no. Los bares son los de la calle de al lado, la librería queda dentro, las colas son a la intemperie, porque lo que ha de ganarse es entrar. Entrar a un lugar, público por titularidad pero privado por carácter. Es decir, privado de la posibilidad de un acceso generalizado y relajado. Hay que sacar la cartera para entrar, gesto duro y poco galante.

Por seguir con el mismo autor y así poder trazar un itinerario claro en el desarrollo de este concepto, si nos fijamos ahora en el Moderna Museet de Estocolmo (1998), encontramos un lobby suficientemente grande como para cambiar radicalmente la perspectiva de lo que supone entrar en un museo. Aquí, ahora, podemos entrar sólo para curiosear o para mirar libros o para ir a la cafetería. Incluso podemos entrar desde dos cotas muy diferentes e interconectadas, cruzando así el edificio como si de una calle interior se tratara, sin que nadie nos interrumpa, increpe, detenga o, sencillamente, nos requiera el pago de cuota alguna. Pagar es optativo. Uno elige entrar en el museo de arquitectura o en el de bellas artes, paga una u otra tarifa y es a la entrada de estas respectivas salas donde se comprueba si en efecto hemos comprado el derecho a estar allí. Libertad pero controlada. Libertad que hay que demostrar y defender mediante la respuesta directa a la pregunta cortante.

La tendencia es clara: si vamos sombreando en sucesivos museos cuáles son los límites entre la zona de libre acceso y la zona en que hemos de demostrar ese derecho, vemos que cada vez la parte pública previa es más grande. El Centro Gallego de Arte Contemporáneo de Santiago de Compostela (1993), frente a la Fundación Serralves (1999), en tanto que momentos diferentes del mismo arquitecto, explican muy bien esa

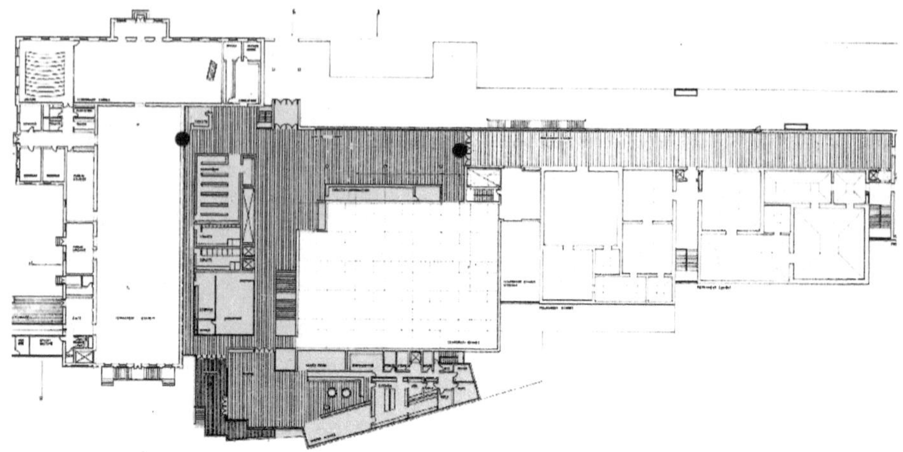

Planta del Moderna Museet de Estocolmo; dos áreas de exposición (arquitectura y arte) y un vestíbulo abierto y con doble acceso a diferente cota, calle cubierta en cierto modo.
Fuente: revista "AV Monografías" n° 36, Madrid:1992.

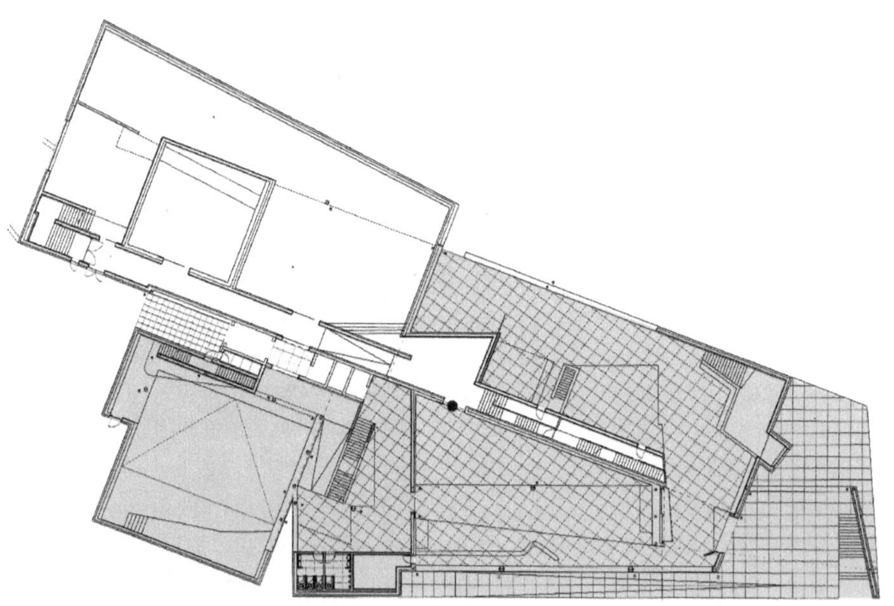

Planta del Centro Gallego de Arte Contemporáneo
Fuente: revista "El Croquis" n° 68/69, Madrid:1994

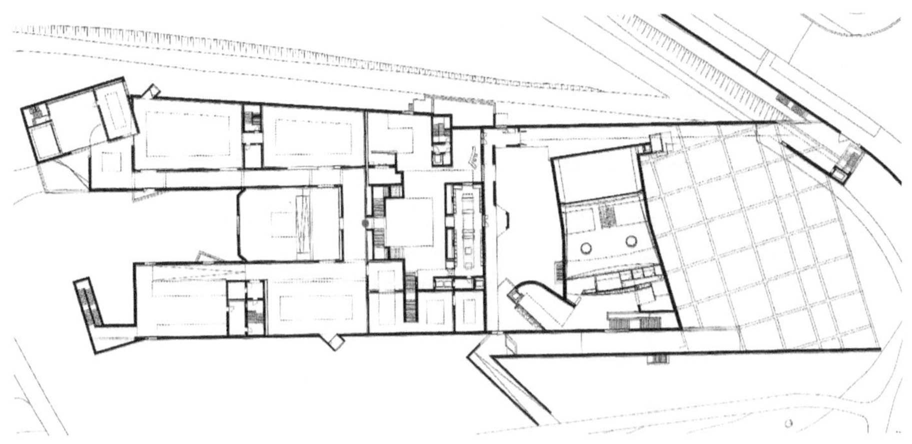

Planta de la Fundación Serralves. Casi la mitad de la planta es de acceso libre antes de pasar a las salas propiamente dichas.
Fuente: Frampton, Kenneth, "Álvaro Siza, Obra completa", Barcelona : Gustavo Gili, cop. 1999.

progresiva apropiación de lo público del espacio de museo. La experiencia de visitante de ambos museos es la de deambular por espacios cada vez más grandes, más representativos y más ricos, hasta el punto de contener la mayor parte de las decisiones funcionales, formales y plásticas, que caracterizan al edificio. Las más de las visitas de arquitectos quedarían cumplidas con esa parte pública; de hecho, la parte restringida, colecciones de salas ya necesariamente "neutras", construyen esa neutralidad al precio de desaparecer como merecedoras de atención.

Diríamos que se ha ampliado la experiencia pública, integrando ahora tiendas, cafetería, restaurante, a veces incluso ciertas salas de exposición temporal que por alguna razón quedan fuera del discurso general del museo y permiten la entrada libre.

En Compostela, la cafetería se abre al jardín y es éste el protagonista de ese espacio, el museo quizá sea también una coartada para ordenar, cuadrar, cerrar y estructurar. Pero también es un lugar de acogida, de estancia, donde los matices de lo doméstico no son demasiado evidentes, pero están ahí, invitando a un uso relajado, a una visita libre a cafetería o librería, capturados ya por el ala acogedora del Museo.

Y podríamos seguir, sacando a colación sucesivos museos, donde esta historia se repite con predecibilidad. Cada vez la parte pública, de acceso libre, es más amplia. Hasta el punto de que sería posible datar un museo sin más que situar un punto rojo en el lugar en que un visitante sería requerido para demostrar que ha comprado el salvoconducto.

¿Qué pasaría si pudiéramos obviar esa imposición? ¿Podemos olvidarnos de esa condición de "pagadores" en la experiencia del museo?¿Podría la arquitectura modificar esa percepción y regalarnos la posesión real del museo?

Visitemos, para entender cómo eso es posible, el Museo de Arte de Liechtenstein, de Kerez, Morger y Degelo (2000). En el cual la proporción de zona abierta al público y restringida es similar a otros museos de su momento. Pero lo que es muy diferente es el modo de vivirlo y de delimitarlo. Hasta el punto de hacernos creer que se camina por la casa de uno, disfrutando una colección que, siendo ajena, se puede vivir como propia.

La entrada es relajada, una puerta que abre y nos da paso a un entorno que no sabemos muy bien si es librería, tienda, restaurante o todo junto, que no revuelto. Realmente nos encontramos en una enorme cafetería, cuyos asientos y mesas de madera clara quieren remitir a una idea de bienestar, de domesticidad; pero las cualidades del espacio nos hablan de otra cosa: focos, altura de techos, predominio de lo blanco, sequedad típicamente suiza. Ahora bien, las cosas empiezan a ser diferentes cuando nos fijamos en la librería, que más que una tienda es un expositor. Uno abre los libros, los ojea, los mueve, se mete entre los mostradores, pues no hay quien nos atienda. Sólo una persona, en una caja, nos cobrará aquellos productos que queramos. Un bolígrafo, un lápiz, goma, cuaderno o folleto, disco, posavasos o camiseta. Incluso entrada.

Pero con relajación. No es una taquilla, no hay vidrios que nos separen, no hay la rigidez del cajero de un aparcamiento o de un banco, más bien la relajación del tendero de la esquina, el lugar donde nos conocen y saben por eso que no nos vamos a ir sin pagar, que no vamos siquiera a caer en tan tonta tentación.

Y uno paga o no. Y se acerca o no. Y se toma algo o no. Y va al baño. O no. No importa, da igual, es tu casa, pero no lo es porque parezca una casa, sino porque te comportas como en una casa. Ojeas los libros, hurgas

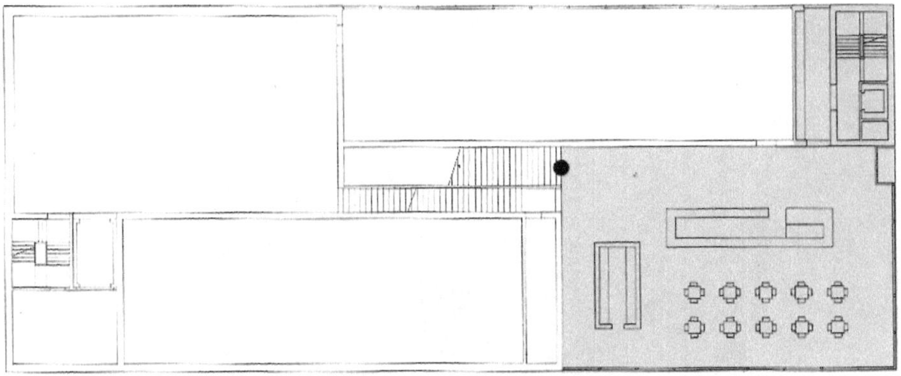

Planta del Museo de Arte de Liechtenstein; la zona sombreada es notablemente más pequeña que en otros museos, pero el carácter es el que lo distingue y modifica su percepción.
Fuente: revista "El Croquis" nº 145, Madrid:2009.

entre los fondos del estante, tanteas, abres la nevera y coges un donut, paseas, miras, sacas fotos y te sacas fotos.... nadie te dice nada, porque ese espacio también es tuyo y nadie tiene por qué decirte nada. Te comportas como en casa.

Finalmente, decides que vas a adquirir ese derecho a traspasar el umbral de lo privado, así que acudes a esa misma caja del tendero de la esquina y le pides el salvoconducto Cuando esperas un ticket, algo así, te encuentras con lo mejor de todo, con el regalo que va a hacer que el museo deje de ser ese espacio con zonas restringidas, para ser una casa tuya, pero una casa como nunca imaginaste tener. Te dan un pin, para que dobles y te agarres a la solapa de la chaqueta, al ojal, al cuello de la camisa, a la cinta de cámara de fotos, al cinturón... Te dan una señal que realmente es un salvoconducto, del mejor modo que podrían dártelo. No es un papel, burocracia, que enseñar. Es sólo un pin, una chapita, una identificación sutil que se ve incluso en una mirada distraída.

¿Sólo eso?

No.

Es la adquisición de un privilegio. Llevándolo a la vista, traspasas el umbral de lo restringido sin darte cuenta, no sabes a ciencia cierta dónde está.

Vestíbulo del Museo de Arte de Liechtenstein, más bien una
cafetería y una tienda que un museo...

Sólo sabes que quizá alguien te ha mirado y ha visto la señal de paso fran-
co. Y no te va a preguntar. Nada. Ni que le enseñes un papel ni que fiches ni
que les des una moneda o un boleto. Te miran, discretamente, y ya está.

Y caminas adelante, entre los cuadros.

Y sientes que es tuyo.

Tan tuyo que nadie te ha preguntado ni te ha parado, no te has sacado
las manos de los bolsillos, y pasas de la cocina al salón de tu casa y entras a un dormitorio y vuelves al sofá. Sólo que aquí cada sala es una estancia, el sofá es el rellano de la escalera o ese sitio privilegiado donde
sentarse delante del cuadro que más te gusta. Donde te sientas porque
quieres, porque es el salón de tu casa. Y nadie va a venir a preguntarte si
tenías derecho a estar allí. Es tu casa.

Y sueñas que en efecto tienes tu casa llena de pintura, llena de cuadros antiguos que son también tuyos. Y de repente todo lo que es de
todos es también tuyo y te sientes como si fueras el único poseedor,
pues disfrutas el privilegio de que no te pregunte, no te molesten, no te
importunen.

Pin "entrada" al Museo de Arte de Liechtenstein; se dobla y
se prende a la chaqueta para que quede visible y nos garantice
el privilegio del acceso libre a la exposición.
(Fotografía del autor)

Gracias, eso sí, a que con arquitectura se creó la base para que descanses allí. El edificio te acogió y te metió en un estado de conciencia en que ese museo dejó de ser esa caja donde conservar lo que merece la pena, para ser esa casa de la abuela llena de secretos, donde una vez que te has ganado el permiso para visitarla, nadie nunca más te cuestionará tu privilegio. Como un diletante inglés del dieciocho, entre las ruinas y las telas. Como quien enseña a su novia el ajuar, enseñas a quien quieres esos cuadros que son tuyos. Tan tuyos que no hubo umbral.

Tan casa que te paseas con las manos en los bolsillos y entras y sales y vuelves y das vueltas, sin la necesidad acuciante de tener que ir a ningún lado, sólo divagar y deambular. Salón de pasos perdidos que es todo el museo, porque todo el museo es salón, porque el mundo es una casa. Y porque las reglas saltan por los aires cuando los códigos de lo doméstico se infiltran en lo colectivo. Las prevenciones dejan de tener sentido. Cuando hay confianza, las estructuras suspicaces se desmoronan. La arquitectura, soporte de una ideología, ha vencido.

Como el trazo de un niño[4]

A partir de una cierta edad, lo más difícil es mantener la ingenuidad del principio. Ingenuidad original que permite hacer cosas que la experiencia dice que son tan difíciles que mejor no meterse en tal problema. Como quien no quiere la cosa, avanzando por el bosque sin saber si hay lobo.

Inocencia, mejor palabra aún para definir ese estado de conciencia en que las cosas son posibles porque nadie nos advierte de su dificultad.

Cuando se me pregunta qué es lo que desde aquí (Europa) puedo ver en la obra de Paulo Mendes da Rocha que me cautive, creo que lo que mejor responde a ese deslumbramiento es la ingenuidad o inocencia que destila. Inocencia conquistada, de segunda vuelta, inventada por una voluntad fuerte de no dejarse doblegar.

La vida puede ser sencilla en una casa de Paulo, aunque la vida no lo sea en sí. Pero la labor de la arquitectura es dar la mejor imagen del mundo, reconocer que todo podría ser más sencillo, más natural, más relajado. Vivir en permanentes vacaciones está a nuestro alcance, si mantenemos (o peleamos por conquistar) un espacio de inocencia. Lo de dentro y lo de fuera, la sombra, la brisa, la luz matizada, la organización de las plantas sencilla...mente compleja.

En su momento fue el aspecto estructural el que me acercó a la obra de Paulo. Recuerdo encontrar la primera monografía que se editó sobre su obra, en 1996 en Barcelona; la miré por encima y no le presté demasiada atención, aún era yo un estudiante que no tenía muy claro el juicio; pero reencontré ese libro cuatro años más tarde, cuando la obra de Paulo no había cambiado, pero yo sí. Ya había hecho algún proyecto, ya había construido, ya había chocado con las dificultades de sacar adelante un concepto, una idea, una organización, un mundo inventado, que al final es todo proyecto. Y del mismo modo que esos maravillosos dibujos de Picasso parecen poder ser hechos por un niño, esas estructuras de Paulo parecían hechas por un niño que no supiera de gravedad, que no supiera que las cosas pesan, que los materiales se deforman, que si flechas y rigidez y armados y normativas...

Un par de años más tarde encontré a Paulo en persona por primera vez y me contó un pensamiento del crítico literario Edmund Wilson, para quien

<hr>

[4] Colegio de Arquitectos de Buenos Aires, revista "RD2", junio de 2016.

la clave de su labor era preguntarse "por qué tal persona hizo tal cosa".
Y quise estudiar cómo esa gravedad que para mí era un problema, para
Paulo parecía no existir ni complicarle la vida.

Y fui adentrándome en un universo en que no sólo la estructura parecía
ser de otro mundo; la organización de las plantas y de las secciones
inventaban artefactos cuya forma no remitía a modelos, sino que eran in-
venciones en sí, soluciones sorprendentemente gráciles (ligeras, sencillas, aéreas), como trazadas por un niño... Por un niño que supiera mucho
de arquitectura, claro.

Aprendí, por ejemplo, que una planta ordena... pero que una sección
resuelve. Que una planta a veces no importa mucho (casa Gerassi), pero
un acierto a la hora de resolver cómo los planos de andar se organizan
(casa Mazetti), como se atrapa o se repele a la luz (casa en Butantá),
cómo se relaciona uno con la pendiente (casa King), da como resultado
la solución al problema que se estaba planteando. Aprendí sobre todo
que la sección inventa soluciones y convierte a un edificio en una máquina inmensa y felizmente sencilla (museo Pompidou), o traduce un
programa siempre complejo en su razón de ser esencial (museo USP),
siempre desde la confianza de que nada está escrito y mucho menos el
cómo deba ser la arquitectura.

Aprendí que no hay una gran escala, sino una gran sensibilidad a cualquier escala. Y que la aspiración a la liviandad es cuestión de esfuerzo
por borrar las trazas del esfuerzo. Que un edificio puede ser una máquina, pero una ventana puede ser tan máquina como un edificio, que el
ingenio puede estar presente al alcance de la mano que abre una puerta
y que quien diseña pórticos de sesenta metros de luz emplea el mismo
poder de fascinación al diseñar las barandillas que lo acompañan.

Cuando uno estudia la arquitectura de Paulo Mendes da Rocha va descubriendo soluciones siempre nuevas, pero sobre todo siempre inventadas
para responder a un problema que casi nunca es el que se planteó, sino
el que a través del proyecto se descubrió. Que la arquitectura no es la
solución a los problemas sino el encuentro de los problemas que laten
en quien hace la pregunta.

Y ahí la pirueta es mágica. La arquitectura se convierte en un modo
de conocer y dialogar con la realidad, de indagar en los sueños, en los
deseos, pues un proyecto es un deseo en busca de respuesta; y las

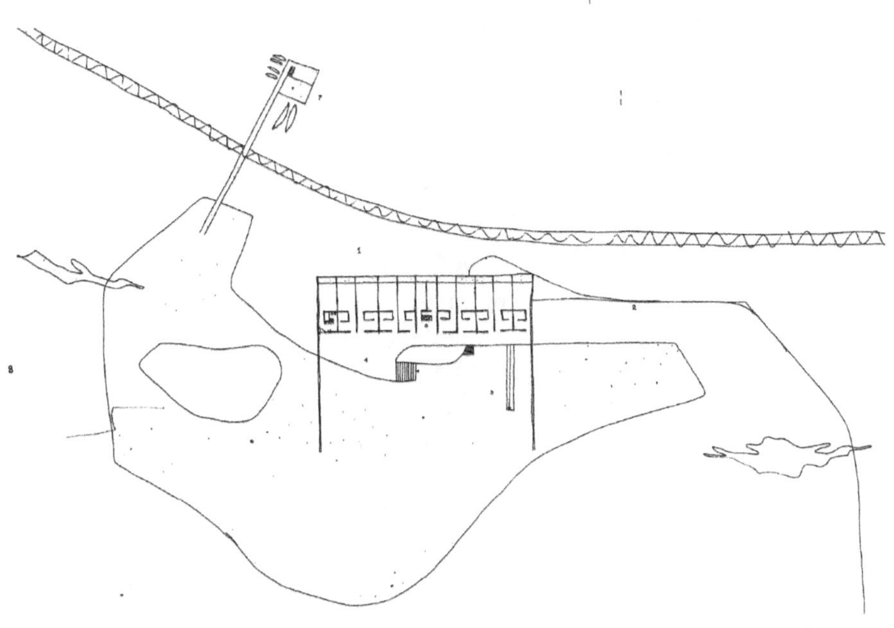

respuestas pueden ser iluminaciones sobre problemas más generales.
Y así una casa puede ser un ensayo para una torre (Gerassi de nuevo),
una casa puede ser la oportunidad de jugar con la norma y la gravedad
(Butantá otra vez), un museo puede ser una máquina térmica (volvemos
al Pompidou) y en general, como se ve, cada proyecto es el destilado de
una suma de deseos, oportunidades y regalos.

Un ejemplo más: invito a estudiar el proyecto de un hotel en Poxoreu.
Sólo hay cinco dibujos conocidos de este proyecto no construido, de los
que propongo mirar con atención una planta general. Esos trazos tan
sencillos y livianos convocan un universo muy intencionado: una manera de vivir en que un hotel puede ser un refugio, llegar es una sombra,
la privacidad es un talud, no un muro, y el río se nos regala de un modo
inocentemente natural, está ahí pero sólo desde el hotel se llega, alambi-
cando un breve recorrido que adquiere sentido al considerar el hotel también como un gradiente de tranquilidad; disfrutar de ese embarcadero no
requiere de barreras ni vallas ni muros, sólo la inteligencia ordena hasta
el punto de que parezca imposible hacer las cosas con menos esfuerzo.

Nos enseña que quien pregunta por la privacidad en realidad aspira a la tranquilidad y que la única manera elegante de estar en el mundo no es crear barreras, sino encontrar un orden que las haga innecesarias.

Decía el maestro español Sáenz de Oíza: "*Cuando te sientas desanimado, pesimista, triste, con ganas de suicidarte, lee poesía. Lee a los verdaderos poetas, y verás cómo te reanimas*".

Añado: cuando dudes de todo, cuando hacer arquitectura te parezca imposible, una lucha contra los molinos, una quimera, cuando la obra, el diseño, todo contra lo que hay que pelear para hacer arquitectura, te parezca abrumador, cuando pienses en dejar de pretender hacer arquitectura... mira la obra de los auténticos arquitectos y verás cómo te reanimas, cómo recuperas la fuerza para aspirar a todo. Cómo esos poetas nos muestran caminos para que el mundo, ya que no puede ser tan liviano como debiera, sí puede ser reinventado tan liviano como imaginemos.

Porque la vida puede ser más sencilla y, con cuatro cosas bien pensadas, podemos vivir como monjes: en comunidad con la belleza del mundo. Poco más hace falta. Y aunque darle forma a ese pensamiento es complicado, Paulo nos enseña que al final podemos aspirar a que resulte natural: las cosas no pesan, los programas son sencillos y construir es un orden mental. Nada es así, claro. Pero nos regala la ilusión de que el mundo podría ser así de fácil.

Y es su mejor regalo.

De la inteligencia
como motor de la máquinas[5]

Corren tiempos de máquinas complejas que invaden los edificios y acogotan a la arquitectura. Estimo que a día de hoy dedicamos, como mínimo, un veinte por ciento de la sección, un quince por ciento de la superficie y no menos de un tercio del dinero disponiblea máquinas y más máquinas.

Las exigencias contemporáneas de última hornada han venido a traer aún más máquinas a la construcción, pues ahora hay máquinas que controlan a las máquinas. Incluso centros de máquinas que por control remoto controlarán a las máquinas que controlan a las máquinas, las coordinarán, recogerán sus datos y elaborarán estadísticas que concluyan... que hacen falta más máquinas.

Mientras, los arquitectos que seguimos buscando la belleza a través del servicio a la sociedad, o mejor dicho, con excusa de éste, hacemos ímprobos esfuerzos por ganarle a la locura. Por ocultar, integrar, encajar, tapar, resolver y hasta encontrar belleza en y a pesar de las máquinas. Máquinas que, además, cada una en su universo son resultado de la producción seriada, pero que al convocarse todas juntas en un edificio no son sino pequeños engranajes que construyen un prototipo que, de seguro, no funcionará, pues todo edificio no es sino un primer prototipo arriesgado, desafinado y arriesgado, que sólo tras su adecuado afinamiento funcionará como debe.

Y vamos poco a poco asumiendo ese estado de cosas. Y nos quejamos en el estudio, en casa, de charla con los amigos, con los alumnos en clase... Pero ponemos nuestro talento al servicio del enemigo. Conseguimos que parezca que no pasa nada, que todo se puede integrar, que está muy bien todo ese fárrago de adherencias. Conseguimos que parezca que hay sitio para todos, aunque en nuestro trabajo veamos tan claro que no: que no sólo no hay espacio, sino que, si nos descuidamos, acabaremos expulsados y relegados a legitimadores de belleza, en el extraño caso de que en algún modo aún se pueda lograr. O legitimadores de la fealdad, acaso obligada en aras del bienestar de la sociedad, de un bienestar que nadie ha pedido, al que se obliga por decreto para dar cabida a tantas cosas que nunca estuvieron presentes en la arquitectura. Una

---

[5] "En blanco" nº 15, Valencia, 2014, pp. 68-71.

visión miope dirá que porque no existían. En realidad, porque no hacían falta, pues, en arquitectura, la necesidad hace al invento, y no al revés.

Bastaría atender al conjunto del ciclo de vida de un material o de una maquinaria para darse cuenta de que la mejor arquitectura, en términos de respeto al equilibrio energético del medio ambiente, es la que casi no tiene máquinas, porque sabe aprovechar esa maravilla que es que la naturaleza nos regale casi todo lo que necesitamos. Los motores, la ingeniería en cuanto que medio de corrección de aquello que no se logra con medios arquitectónicos, vienen a ser, en gran medida, la derrota de la física y, a través de ella, del entendimiento.

El recurso a la máquina como aparato ortopédico corrector de carencias nos lanza, en consecuencia, a la derrota colectiva del deseo de conocimiento de la naturaleza.

Quizá la gran revolución del siglo XXI sea la abolición de la máquina, entiéndase todo lo irónicamente que se quiera: quizá acabemos cayendo en la cuenta de que la máquina, que comenzó significando la victoria de la física aplicada al ahorro de esfuerzo, está convirtiéndose en la excusa para ahorrar pensamiento. Y sobre todo en la excusa para poner parapetos entre la naturaleza y el ser humano, a quien en vez de enseñarle a vivir en su medio, se le acostumbra a alejarse, a buscar en la arquitectura la construcción de un entorno artificial que, protegiéndole, lo esteriliza.

A día de hoy, en medio de tan descabalada carrera en pos de la complicación de la arquitectura y su transformación en receptáculo de las máquinas que parecen legitimar la mera existencia de los edificios, resulta reparador y renovador atender a casos que permiten atisbar señas de esa posible victoria de la física frente a la máquina. Situaciones en que lo superfluo acaba desaparecido . Pero, sobre todo, situaciones en que la física construye la máquina, mientras que la inteligencia pone el motor.

Tal es la actitud que se observa en ciertas acciones de Paulo Mendes da Rocha, que sirven de ejemplo para entender la arquitectura como una respuesta cuya fortaleza reside en el entendimiento y la colaboración con la naturaleza. Es decir, en el empleo de una técnica que procede de un conocimiento integrador de la física. Técnica que permite que los edificios respondan a su entorno y a su problemática haciendo uso del conocimiento de las sencillas leyes que rigen el comportamiento de la naturaleza.

Eso es lo que pretendo mostrarles, a través de cuatro ejemplos diversos y concretos, unidos por un nexo común: la capacidad de convertir al edificio o a una de sus partes en máquina sin motores, en máquina cuyo argumento nace de la coartada del conocimiento de sencillas leyes físicas. Estas obras descubren que es posible hacer las cosas de otro modo y activar a un edificio como instrumento de negociación con el mundo.

UNO: EL GLOBO AEROSTÁTICO

El proyecto para el concurso del museo Beaubourg, de 1971, plantea un curioso artefacto que, de haber sido construido, sin duda sería de los más relevantes de su autor. Combina un arriesgado y novedoso concepto estructural con una serie de consideraciones hacia la ciudad y el concepto mismo de museo, que dotan de argumento sólido a la propuesta.

La integración máxima de la ciudad en el museo, y de éste en aquélla, consistirá en el sueño difícilmente realizable de llevar al museo a la calle, al menos de no ponerle puertas que lo traben. Que la calle continúe en una rampa que penetra al edificio casi sin enterarnos. Continuidad total refrendada por el hecho de que la otra cara del plano inclinado del techo del espacio público es el suelo del museo. Todo ello sin puertas que corten el tránsito.

¿Sin puertas? Sí, sin puertas

Y aquí la forma del edificio posibilita el milagro.

La forma de pirámide invertida lo convierte en una suerte de globo aerostático: el aire caliente queda confinado en el interior y no tiene manera de salir, lo que impide la entrada del aire frío de la calle y hace innecesarias las puertas: se ha provocado una sobrepresión natural sin más mediación que la propia forma del edificio.

En verano bastaría abrir las aperturas superiores para provocar una ventilación continua, capturando en consecuencia hacia el interior del edificio el aire que, amparado por el cobijo de los voladizos, estaría refrescado por la sombra provocada allí afuera. Tenemos por tanto un enorme ventilador, un colector o condensador de corriente natural. Una máquina

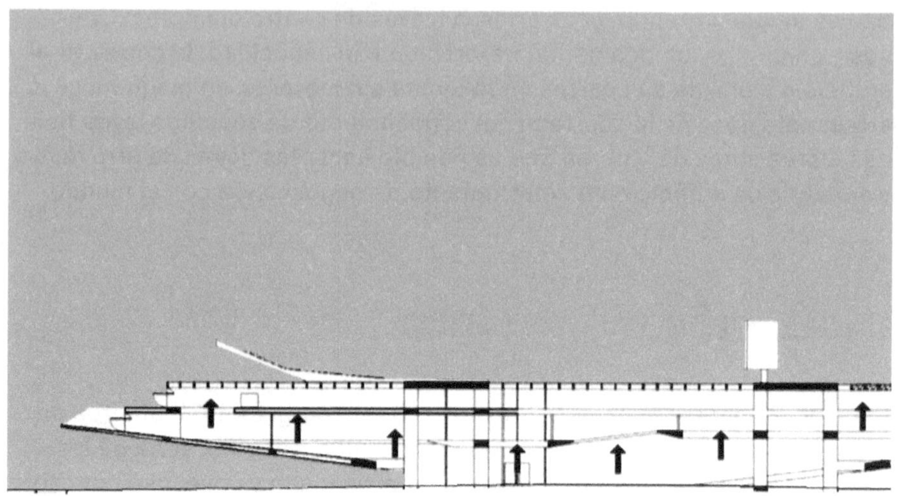

Sección del proyecto para el Centro Beaubourg, comportamiento térmico en invierno: acumulación de calor en el interior sin posibilidad de escapar.

Sección en verano, como una máquina de ventilación forzada.

de ventilación y acondicionamiento, máquina sin motores, maquina sin consumo, maquina, una vez más, que lo es exclusivamente por su forma.

Vemos, en fin, cuánto podemos equivocarnos si juzgamos al edificio desde el punto de vista de la estética de la forma: la continuidad del espacio público hacia el espacio interno y la consecución de una máquina de acondicionamiento climático natural son razones más que suficientes para justificar una forma que de otro modo sería difícil de entender. Ahí reside también su belleza: las razones de la arquitectura suponen, en el fondo, hacer lo necesario y encontrar siempre buenos argumentos para escapar del capricho; hacer lo mínimo y conseguir que las razones de la forma sean múltiples y consistentes.

DOS: LA VENTANA AUTOMÁTICA

En la casa que se construyó para sí en Butantá, así como en la casa Mazetti, se emplea una ingeniosa ventana que se manipula trastocándole el equilibrio. El resto viene solo.

La ventana pende de una ménsula que engancha a otra pieza que se ancla al forjado de cubierta de tal modo que el eje de giro queda adelantado; cuando la ventana está cerrada, se produce así un par de giro por ese desplazamiento del centro de gravedad respecto de la vertical del eje de anclaje. Para mantenerla cerrada, por tanto, hay que "retenerla", acción que se consigue mediante un sencillísimo tornillo que engancha en un retenedor anclado al peto.

Una vez se libera la ventana, ésta tenderá a girar buscando su equilibrio hasta que el centro de gravedad se sitúe en la vertical del eje. Abrir la ventana es, por tanto, un bonito gesto de liberar las alas de la casa, que abre las plumas con alegría.

Pero aun hay más: la ventana consta de un vidrio fijo superior y otro que puede correr verticalmente por guías laterales. Si este segundo vidrio, el inferior, se desplaza hacia arriba, estamos subiendo también el centro de gravedad de la ventana, con el resultado de que al buscar nuevamente su equilibrio, la ventana se inclina aún más, aumentado su grado de apertura.

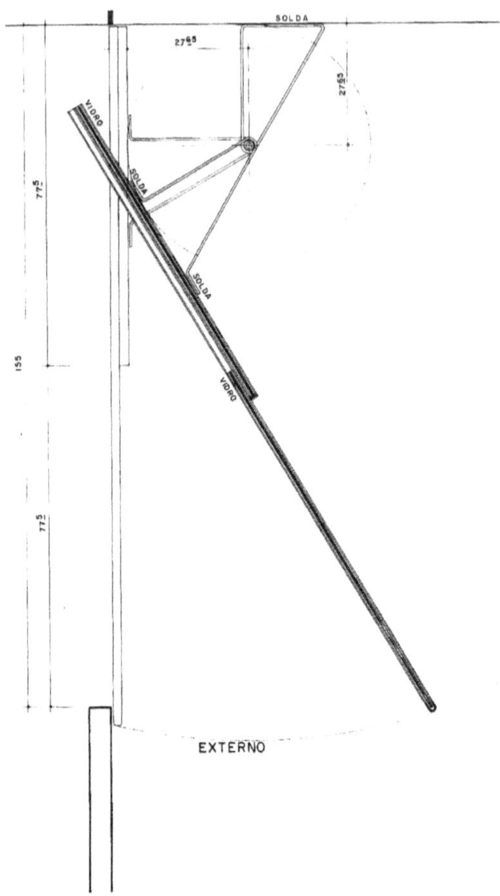

Detalle de la ventana de la casa de Butantá, donde se observa el
modo de anclaje y cuelgue mediante un apoyo excéntrico.

La fachada se convierte en una colección de equilibrios iguales o diferentes, pero dotada de una mágica animación y, sobre todo, de esa poética por la cual el movimiento no viene dado por el motor sino por la máquina; máquina elemental, como esas poleas, balancines o planos inclinados que, desde tiempo de los griegos, nos enseñaron que un máquina es "un artificio para aprovechar, dirigir o regular la acción de una fuerza" y no otra cosa más complicada que parece que hoy creemos que es.

Un sencillo tornillo más tuerca, que al soltar liberan a la ventana para que se abra sola.

La casa abre sus alas...

La misma imagen pero desde el interior de la casa.

TRES: EL EDIFICIO JUEGO

Cuando un arquitecto dice que un edificio suyo que es un juego conviene preparase para lo peor, pues no es raro que estemos cerca de la "ironía", el "chiste" y, fatalmente, el descalabro. Ahora bien, cuando ese juego no es sino el juego de descubrir el mundo y ese edificio es una escuela, quizá haya esperanza.

¿Descubrir el mundo? Sí: experimentar con la realidad física del mundo, ésa que hoy se pretende hurtar de la educación y sustituir por contenidos multimedia y parafernalia varia.

De niños descubrimos el equilibrio en la bicicleta, la gravedad en el tobogán, el péndulo en el columpio, la balanza en el balancín, la elasticidad en los asientos con muelle y el teorema de Arquímedes en la bañera desbordada para disgusto de nuestros padres. ¿Por qué no iba a ser una escuela un eslabón más de esa cadena de descubrimientos?

Escuelas Calux: estructuralmente, el edificio se entiende en sección como la superposición de dos planos: uno, el de las aulas, protege bajo sí un espacio público (un patio de juegos) que se relaciona sin solución de continuidad con el aire libre; el otro, la cubierta, ampara no sólo a las aulas sino también a un entorno bien amplio que no es sino una sombra de juegos; en un clima donde el sol es un problema, la escuela es ante todo una sombra que define un espacio público, es decir, colectivo, donde se produce la convivencia y, por tanto, la enseñanza. La estructura vertical es escasa y la cobertura se construye sin hacer de ello alarde.

En uno de sus extremos una rampa recoge el agua de la lluvia y lo mete dentro de ese espacio a cubierto, introduce el azar del mundo y hace más intenso el amparo mostrando lo incómodo de la naturaleza.

Para Mendes da Rocha esa condición significa algo más, y así nos dice que sería bonito que los niños jugaran a deslizar barquitos de papel en esa corriente de agua que desciende por la rampa cuando llueve. Quizá un niño, afirma, podrá descubrir por sí mismo la historia de la navegación. ¿No sería hermoso que un futuro ingeniero naval confesara que su vocación nació gracias a que en su escuela la física de la navegación se hacía presente en ese mínimo cauce fluvial provocado por la arquitectura?

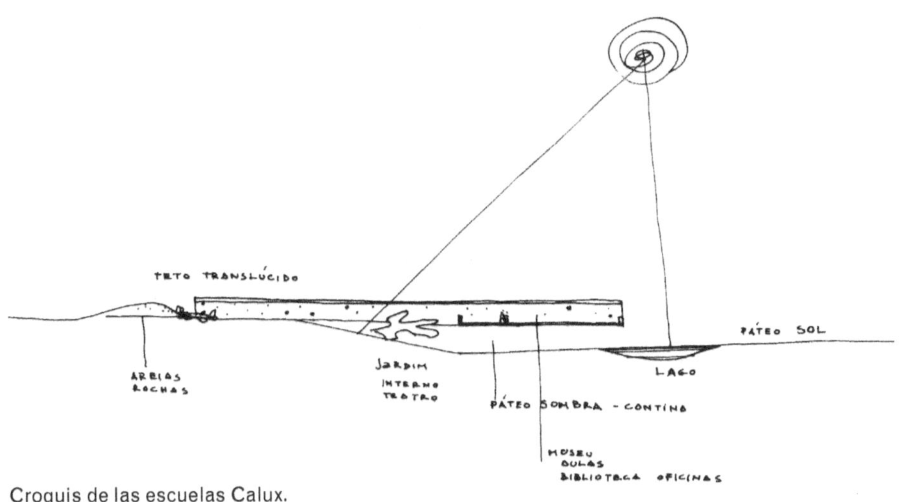

Croquis de las escuelas Calux.

CUATRO: LA ESCALERA LEVADIZA

En la obra de Mendes da Rocha las escaleras son importantes. Quizá sean los elementos que, tradicionalmente, más permiten al arquitecto jugar con la gravedad y siendo tan presente en esta obra la gravedad como motivo de diversión, tampoco podía faltar este sentimiento lúdico de la escalera.

A veces es una escalera que se destaca como pieza independiente que crea un lugar a la vera de la casa (como en la suya de Butantá), o permite emerger en medio de la planta (como en la casa Gerassi), o se convierte en la herramienta de contraste y manipulación de la mirada para que la luz interior de la casa nos deslumbre (Mazetti), o bien, como en la que es objeto de nuestra mirada aquí, hace las veces a un tiempo de paso levadizo y de rampa de aeronave.

La escalera de la tienda Forma se erige en una herramienta de cambio de atmósfera: nos aleja del bullicio de la ciudad y nos lleva al núcleo de la nave atravesando el grueso de su invención estructural. Pero no es sólo eso: también es el instrumento de control de la apertura de la tienda, pues se trata de una escalera metálica basculante que se baja para abrir la tienda al público y se recoge para cerrarla. Abrir la tienda es bajar la escalera e inaugurar el espacio bajo ella. Entrar es recorrer ese camino singular y privilegiado, de esa clase de privilegio que suponía, por ejemplo, atravesar el puente levadizo de una antigua fortaleza. No es un recorrido banal, sino un camino significativo.

¿Cómo es esta escalera metálica? Mejor dicho, ¿cómo se articula? Contra todo pronóstico, ni mucho menos en su extremo. Antes al contrario, la posición de giro se encuentra en un punto medio, de tal modo que el equilibrio en torno a este punto de articulación es más precario y cambiante. Ese modo de recogerse permite que la escalera quede oculta en el grueso de las vigas principales, entre dos planos de forjado determinados por las alas de las vigas. Dicho grosor, además de conformar un mundo intermedio e incógnito que el visitante debe atravesar, permite ocultar y guardar también las barandillas de la escalera. Estas barandillas no disponen de espacio suficiente en el lugar previsto para guardarlas, por lo que el juego del eje de giro desplazado más las articulaciones de las propias barandillas ahorran el espacio suficiente para que todo el conjunto de la escalera quede estuchado en ese canto estructural. La barandilla, además, enlaza en continuidad total con los tramos interiores de la tienda, de modo que este móvil, este artilugio articulado, logra la sorpresiva continuidad física de los elementos caracterizadores de la tienda hacia el exterior. La escalera consigue ser ese tentáculo que proyecta al espacio interno hacia el exterior.

Y, lo mejor de todo, el desplazamiento del eje de articulación permite obtener, merced al equilibrio cuidadoso de masas, un contrapeso que hace innecesaria la motorización del artefacto. La escalera es, así, un juguete móvil que se maneja con una sola mano, sin motores, sin controles, una sencillísima máquina de palanca, una de las máquinas simples de la antigüedad.

Pero este juguete articulado es también un instrumento de modificación de la percepción: siendo de hormigón el plano inferior de la tienda y los contrafuertes extremos, la mirada nos habla de un edificio pesante. Pero el mecanismo de la escalera parece negar el peso de esa caja, es una llamada de atención hacia el juego de contrastes del edificio, que opera tanto en la manera de entender la estructura como en la manera de construir su imagen, siempre un diálogo sin fin entre pesadez y ligereza, entre el grosor y su negación. Lo que desde abajo es percibido como una pesada caja de hormigón se presenta súbitamente al espectador con la gentileza de un sutil mecanismo móvil. Se sube a la caja de hormigón como se subiría a un avión, a una suerte de nave espacial temporalmente posada allí, pero que en cualquier momento podría echar a volar. El peso aparente es negado por la fenomenología inherente a esta escalera y surge la duda: ¿se trata de algo pesante o aéreo? Se trata, desde luego, de un juego con la gravedad y, nuevamente, de una máquina sin motores que basa su movilidad en la claridad del pensamiento y en la manipulación de los datos físicos de la realidad. Con una mano.

CONCLUSIÓN

Son sólo cuatro ejemplos puntuales de una obra vasta rica en promesas. Pero cuatro ejemplos que hablan de una actitud hacia el mundo: preguntarle y descubrirlo y saber, además, convertirlo en el pretexto para construir arquitectura de manera inteligente.

La técnica se convierte aquí en la herramienta discreta que permite que estos mecanismos se construyan como sin darse importancia; no se exhibe la técnica como un fin, sino que se comporta como el músculo del pensamiento. Y cuando hablamos de técnica no hablamos solamente, como se ha visto, de una técnica de lo constructivo o de lo estructural, sino de una mirada más amplia al mundo y a la naturaleza. Ortega y Gasset afirmó que la técnica no es sino "el esfuerzo para ahorrar esfuerzo". En la obra de Mendes da Rocha, es mucho más luminoso y presente el ahorro de esfuerzo que el esfuerzo que lo propicia. Y así debería ser siempre.

Las palabras que Eugene Freyssinet dedica en el prólogo a un libro en que se relata la madurez de la técnica del hormigón pretensado, por él inventada (y recurso que hace viable buena parte de la obra de Mendes da Rocha), resultan muy apropiadas para resumir y describir esta actitud:

"El hombre puede elegir entre dos grupos de soluciones: puede ahorrar sus esfuerzos (...) o intentar arrancarle (a la naturaleza) el máximo de ventajas y de satisfacciones materiales a cambio de un conocimiento cada vez más perfecto y de una sumisión cada vez más completa a sus leyes".

Razones de una fascinación[6]

No es difícil recordar el primer impacto de la obra de Paulo Mendes da Rocha para un arquitecto educado en Europa. Creo que se podría resumir en una simple pregunta: "pero… ¿cómo consigue construir eso?"

De entrada, la sorpresa la provoca la escala estructural, tan lejana de la que nos acostumbraban a imaginar en las escuelas de arquitectura. Más tarde, somos conscientes de su radicalidad formal sin concesiones. La imagen es el resultado de un uso refinado y valiente de la construcción. Lo cual es, si cabe, aún más milagroso. Pero que la estructura no nos despiste: pronto vemos que tan emocionante es la relación con la gran escala de la ciudad como la solución de la mínima escala de un tirador o una ventana que se abre sola por el mero efecto de la gravedad. El pez ha picado el anzuelo.

La perspectiva cambia tras la lectura de sus escritos. Su arquitectura cobra una nueva dimensión: puede ser leída en términos de narración de deseos colectivos, de ofrecimiento de escenarios para la imprevisibilidad de la vida, de observación y reflexión sobre el ser humano en la historia, de comunión entre arquitectura y ciudad, las cuales se explican la una a la otra, de cómo la arquitectura construye el hábitat en que el ser humano sitúa el escenario de sus sueños.

Y podremos abstraer un edificio suyo e imaginar, flotante, un transitar lógico que ordena el espacio, como si el edificio fuera el mecanismo que, de modo sencillo, dando un paso atrás, resuelve problemas con gentileza y discreción. Es, además, una arquitectura generosa para con el usuario, para con la ciudad. Como quien gentilmente ofrece la protección de un paraguas o una sombrilla, o el brazo donde apoyarse, esta arquitectura ofrece amparo, sombra, cobijo, amplitud, relajación, diafanidad, naturalidad… La arquitectura resulta la ocasión festiva para celebrar la alegría de hacer la vida más sencilla, tal es su fortaleza.

Curioso, ¿verdad? ¿Cómo es ese camino que lleva de la sorpresa por la escala estructural a descubrir que la clave está en la discreción y la sencillez? "Sencillez"… es que ya hace mucho que sabemos que la sencillez

---

6 Publicado en "AV monografías" n° 161, Madrid, julio de 2013, pp.14-19, con el título *"Estructura y forma en dos artefactos discretos"*. Tiene su origen en la conferencia del mismo título que este artículo leída en la Universidad de Navarra en el marco de la III Bienal de Arquitectura Latinoamericana, en abril de 2013.

no es sino la más suprema cota de la dificultad. Hemos de buscar las claves de esas respuestas que, contadas a posteriori, se muestran evidentes, casi naturales y sin esfuerzo. Es decir, no queda otra opción que volver nuevamente sobre aquella primera pregunta: "¿cómo consiguió hacer esto? ¿Cuáles son sus herramientas?"

Porque aun cuando lo nuclear sea, por ejemplo, elevarse del suelo para no sustraer espacio público a la ciudad, no menos importante es saber cómo hacerlo sin que el esfuerzo devenga en un mero reto estructural autocomplaciente, sin que resulte obsceno ni exhibicionista, sino tan natural como si no hubiera esfuerzo en dejar esa masa suspendida ahí arriba.

Conviene recordar, como muestra del clima intelectual en que se formó Mendes da Rocha, aquella frase de su maestro Artigas, quien, no sin sorna, afirmaba que *"arquitectura, básicamente, es desafiar la ley de la gravedad. Eliminar apoyos, lanzar vanos, equilibrar. El resto es confort. Un poco de confort aquí, un poco de confort allí..."*. No olvidemos este tono jovial.

Así pues, ya sabemos dónde estamos, que estudiamos una gramática (construcción y estructura) que hace posible una poética, pero es la poética lo importante, si bien quizá esas "palabras" nunca hubieran podido ser dichas con otro lenguaje: en cierto modo, la técnica estructural empleada por Mendes da Rocha le va a permitir ofrecer como resultados tangibles realidades que previamente tan sólo pudieron ser expresadas como deseo; planta libre, grandes luces, libertad formal, fachada inexistente... el edificio, sí, como máquina.

Hagamos un ensayo. Quiero centrar la atención en dos edificios no construidos (y digo bien, "edificios", y no "proyectos", porque su grado de coherencia los eleva por encima del dibujo para emparentarlos con las obras de carne y hueso), que sintetizan un pensamiento claro pero no obvio: el MAC-USP (Museo de Arte Contemporáneo de la Universidad de Sao Paulo), de 1975, y la propuesta para el concurso del Centro de arte Beaubourg en París, de 1971.

Son proyectos casi coetáneos, deudores de un ambiente cultural concreto, cuando la imagen de la máquina y lo descarnado en la arquitectura gozan aún de un prestigio en vías de declinar durante décadas. Paulo Mendes da Rocha es uno de los pocos que persisten en su camino, impermeables a un ambiente cultural crecientemente hostil hacia este modo de entender la arquitectura. Pero la insistencia se apoya en el convencimiento de la condición profundamente auténtica y disciplinar de la arquitectura en tanto que medio de conocimiento, análisis y respuesta. Hemos de agradecer esa persistencia que acaba por demostrar que un arquitecto no puede (literalmente "no puede", pues sus ritmos no son los de la actualidad) sino mantener con obstinación su apuesta.

Su condición de no construidos permite una lectura libre de condicionantes externos, para centrarse en la génesis pura de la forma. Además, los arquitectos sabemos lo importante que puede ser en nuestra historia intelectual un edificio no construido, porque lo nuclear, lo que queda en la memoria y la experiencia, es un aprendizaje, un proceso de búsqueda y unos hallazgos cuya construcción física (heroica cuando acontece) los pone en el mundo. Pero cuya construcción teórica los construye plenamente en la mente y la memoria del autor.

Además, tengo para mí que de haber sido construidos serían ahora los más publicados de su autor, los más singulares y también los más copiados. Vamos pues con ello.

MUSEO DE ARTE CONTEMPORÁNEO DE LA UNIVERSIDAD DE SAO PAULO

Conviene comenzar con una descripción que revele las claves de su forma. En el caso del MAC-USP, cuando se estudian las publicaciones existentes lo primero que llama la atención (si bien resulta plenamente coherente) es que los planos elegidos para divulgarlo sean los de estructura (se trata de un proyecto que llegó a desarrollo para ejecución, pero la Universidad de Sao Paulo desistió de su construcción). Es decir, esta arquitectura se muestra a través de esos planos técnicos que definen armados, cables y dimensiones precisas... Esas secciones desnudas cuentan por sí solas todo lo que es necesario saber para entender el edificio. Estructura que no es sino arquitectura, sin más.

Un ligero sombreado sobre la sección permite clarificar su estructura: estamos ante un simple pórtico con doble voladizo, del que sorprende,

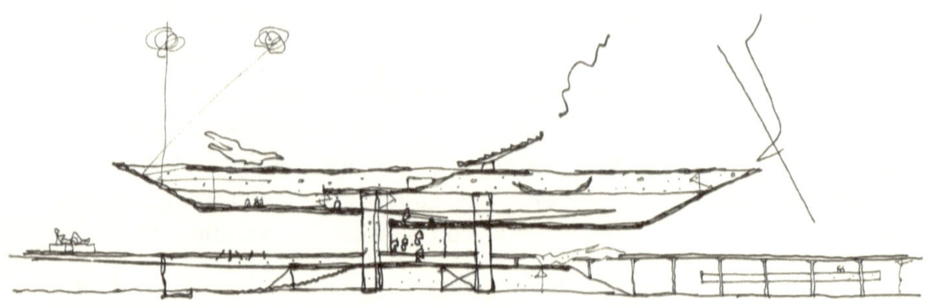

por inhabitual, su tamaño; viga superior de 8,30 metros de canto, luz interior de 25 metros y doble voladizo de nada menos que 35 metros a cada lado.

Semejantes proporciones permiten un postensado bien sencillo: toda la viga está sometida a momentos negativos, por lo que la línea de pretensado discurre por la parte alta. Es posible practicar en el centro del vano un paso a cota del tercio central del canto. Con esquinas achaflanadas, como marcan las buenas prácticas, no por metáfora marina sino por evitar concentraciones locales de tensiones. Que la conexión se realice sustrayendo masa a las vigas tiene algo de truco, de más difícil todavía, pero también de obviedad para quien comprende el funcionamiento de esa estructura. En ese juego entre truco de magia y evidencia técnica, se mueve el núcleo emocionante de esa invención, de ese artefacto.

Una vez resuelto un pórtico, se repite, resultando el edificio de la extrusión de la sección estructural, la cual sirve de base para la fijación de

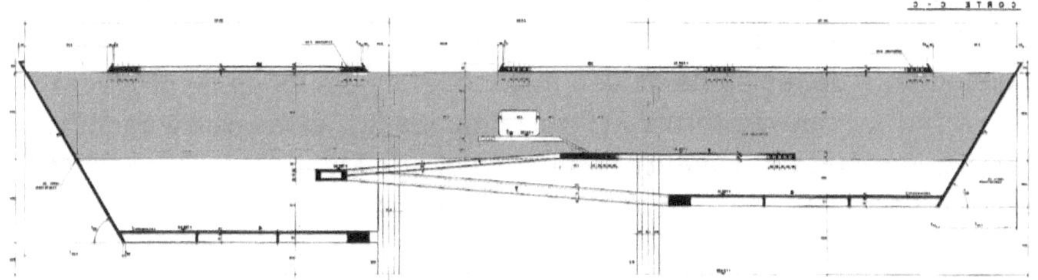

las cotas de los espacios interiores. Se cuenta con dos niveles inferiores de forjado, que cuelgan de los pórticos principales mediante vigas pared inclinadas, que además van a ser aprovechadas como difusores de la luz que entra desde lo alto. En su otro extremo, estos forjados apoyan en los soportes centrales y se ligan entre sí mediante rampas. Además, contamos con un juego de losas superiores, al menos una cubierta más otra losa intermedia, situadas respectivamente a cotas superior e inferior de las vigas principales (o más, cuando así es necesario por programa), lo que contribuye a la rigidización y arriostramiento lateral del conjunto.

Hasta aquí hemos descrito un problema estructural. Pero hay que percatarse de cómo se iba construyendo el museo, casi inadvertidamente: la superficie de los forjados inferiores queda libre de interferencias y obtenemos sendas salas de 80 metros de largo por 35 de ancho, bañadas por una luz indirecta difusa y tenue. Y a cota superior, confinadas entre dos vigas, resultan estancias interconectadas a través de las aperturas de las vigas. Podríamos decir que no podemos hablar de una estructura superpuesta a un esquema espacial, sino un esquema espacial imbricado de tal modo con la estructura que todo es uno y lo mismo. La entrada a través de rampas desplegadas bajo su sombra, el plano oblicuo que se presenta al visitante, la sensación de escala desmesurada, contribuyen a esa percepción de que el edificio es, ante todo, una invención estructural que se presenta ante nosotros desprejuiciadamente, resolviendo los problemas sin hacer, valga la redundancia, problema de ellos.

¿Ya? ¿Así de sencillo? Bueno… probemos al revés: imaginemos el programa en abstracto, dos salas de 2.800 metros cuadrados, diáfanas, bien iluminadas (tenuemente y sin sombras) y hasta 12 metros de altura libre, más el habitual mundo paralelo de servicios organizados en estancias preferiblemente diáfanas y conectadas entre sí mediante un recorrido independiente de las salas de uso público... Las opciones de proyecto serán infinitas, nuevas formalmente, complicadas, otras quizá sencillas, pero lo que resulta fascinante en el proyecto de Mendes da Rocha cómo podemos contar el proyecto describiendo la estructura de tal modo que resulte natural el programa contenido. Como si las cosas resultaran sin esfuerzo, todo lo contrario de lo que el enunciado del programa podría hacernos creer.

CENTRO DE ARTE BEAUOURG

La propuesta del Beaubourg se congela en un estadio anterior, pues se trata de un concurso de ideas sin más desarrollo (obtuvo uno de los premios), pero es lo suficientemente explícito como para que podamos analizar sus características con la seguridad de estar estudiando un artefacto que hubiera podido seguir su evolución sin perder sus virtudes.

Nuevamente, la sección explica el proyecto y éste consiste formalmente en un artilugio estructural singular y autorreferente. Estamos otra vez ante un juego de dobles voladizos, ahora en las dos direcciones de la planta. Los soportes se retranquean tanto que desaparecen desde el espacio público.

Sabida es la importancia que el espacio de la ciudad tenía en el planteamiento del concurso; no hay más que recordar cómo Piano y Rogers inclinan el plano del suelo hacia el museo y convierten toda la plaza en una antesala del mismo. Algo parecido persigue Mendes da Rocha, al punto de que no se puede dar explicación certera del artefacto si no se tiene en cuenta su condición urbana.

Es difícil precisar el límite exacto de lo urbano, porque el edificio despliega un área imprecisa de influencia y ritual de bienvenida: la sombra acogedora, el frescor de la umbría de los jardines, la puerta, innecesaria, pues la calle, sin solución de continuidad, se eleva y extiende hasta hacerse inadvertidamente vestíbulo.

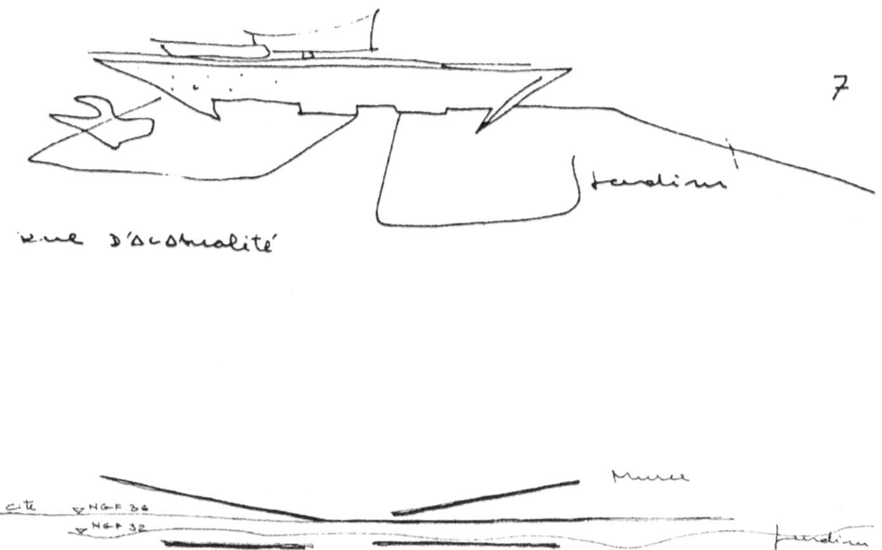

La auténtica sorpresa viene cuando descubrimos que la pendiente de la rampa continúa dentro, ahora convertida en el plano del suelo del edificio, que es nada menos que el plano del techo del umbral. El edificio regala una historia fascinante de continuidades; se han roto los límites dentro/fuera, urbano/arquitectónico, suelo/fachada, fachada/techo. Sería complicado asignar nombre certero a las situaciones que se dan en ese plano continuo de hormigón, sobre él y bajo él. Y éste no es un discurso metafórico, pero tampoco formal, sino profundamente material. Ciudad y arquitectura son, literalmente, dos caras de una misma moneda. Basta imaginar la lluviosa París en otoño y lo que hubiera sido esa plaza cubierta, ese umbral profundo en que la ciudad, como sin darse cuenta, se hace museo.

Podemos hablar así de ese entrar "con las manos en los bolsillos", sin obstáculos, sin barreras, sin discontinuidades, tan propio del espacio cívico colectivo. De hecho, el croquis de Paulo Mendes da Rocha que mejor resume y define a este edificio es aquél en que la sección del edificio se explica como la continuidad perfecta del suelo de la ciudad: éste es aquél expandido, aquél es éste cobijado.

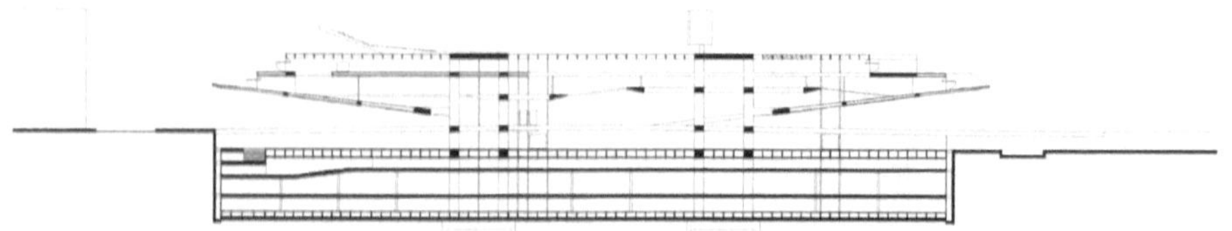

La posición inclinada del plano de hormigón introduce un vector de perplejidad en esa umbría... ¿Cuál es? ¿Dónde empieza la puerta del edificio? ¿Dónde se siente su presencia?: ¿Donde ya no llueve? ¿Donde hay sombra? ¿Donde se puede tocar el techo con la punta de los dedos? ¿Donde, finalmente, se ha atravesado lo que parece una puerta de entrada?...

¡Ah! ¿Pero existe entonces puerta de entrada? Literalmente, no. La forma de pirámide invertida del edificio lo convierte en una suerte de globo aerostático que permite confinar en su interior el aire caliente, que no escapa, o bien provocar, sin más que abrir los lucernarios superiores, una natural corriente de aire ascendente cuando haga calor. Ello hace del edificio un enorme ventilador/condensador de corriente natural, una máquina de ventilación y acondicionamiento, que lo es exclusivamente por su forma, máquina sin consumo, máquina sin motores.

Además, estos planos convergentes acentúan el carácter extraordinario del edificio, al poner su nada convencional tamaño al alcance de los dedos del viandante Una amable cercanía física, que trastoca la lectura que del gran artefacto hubiéramos podido hacer en un primer momento. En definitiva, el edificio no es barrera u objeto que usurpe el espacio público, sino, en cierto modo, el creador del mismo.

Y una última pregunta de difícil contestación: ante semejante objeto que se presenta como complejo de planos inclinados... ¿Cuál es acaso la "fachada" de este artefacto?

DE MÁQUINAS Y ARTEFACTOS

"Artefacto". La palabra la he empleado varias veces de manera delibera-
da, queriendo definir algo muy preciso. Es fácil, demasiado fácil, caer en
el tópico de "lo escultural" para referirse a estas piezas. La tentación está
siempre ahí, pero sabiendo como sabemos que su empleo puede resultar
perverso, conviene pensar por qué el término surge tan fácilmente. Y creo
que la clave está en cómo esta arquitectura provoca una dificultad expresa
a la hora de describir lo que se ve, pues resulta complicado adscribirlo a
una única categoría. El edificio resulta, con naturalidad, de una regla de
conformación de la estructura resistente. Lo más característico no es que
la estructura sea edificio, sino que "todo" sea estructura. ¿Planta, sección, fachada? Es muy limitado el modo en que se puede hablar de cualquiera de estas categorías aisladamente, ni siquiera son planos teóricos
independientes, tampoco interdependientes, sino meras herramientas de
descripción de una realidad tridimensional que las supera.

El edificio es un todo que resulta de resolver los problemas de un modo
integrador y con un alto grado de exigencia de coherencia y unidad. El
término "artefacto" remite a la imagen de la máquina, del artificio o
mecanismo eficaz y eficiente, del motor ajustado y preciso al que nada
sobra porque la falta de rigor lo arruinaría.

La profunda identidad entre espacio y estructura permite que estos
objetos se desmarquen de las etiquetas habituales, que desafíen a un
análisis basado en el desmembramiento por partes, pues sólo su entendimiento global permite ir desgranando todas las virtudes que, una a
una, van explicando y dando razón de la forma.

Ésta es la novedad radical que estos proyectos traen a la obra de Mendes
da Rocha y por lo que suponen una nueva perspectiva de interesantes
consecuencias en futuras obras, como la tienda Forma o el centro admi-
nistrativo Poupatempo Itaquera: edificios que construyen estructura y
espacio a un tiempo, resultando formas inteligentes en que todo colabora a ser estructura y todo lo que es estructura construye el edificio.
Podría decirse que "todo entra en juego" y se alcanza un grado máximo
de integración, haciendo de la estructura no ya algo indistinguible, sino
ciertamente motor de generación de la forma arquitectónica. Cuando se

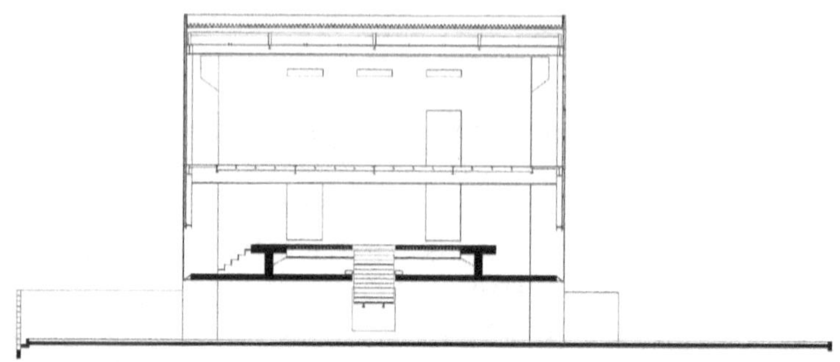

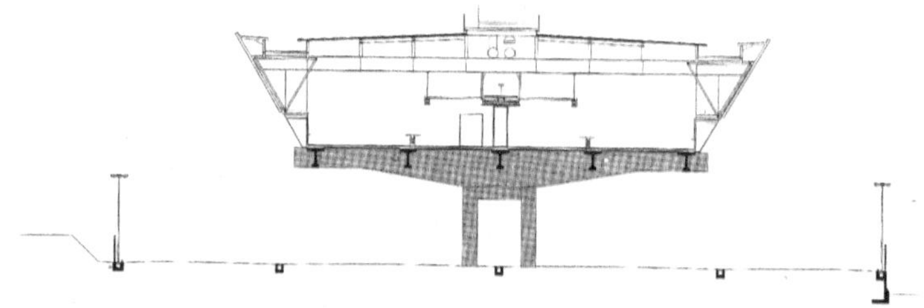

está dispuesto a afrontar esta aventura de impredecibilidad, las consecuencias pueden ser insospechadas y las formas imprevisibles, algo así como una máquina arquitectónica diferente de cuanto esperábamos.

Pero otra tentación que se debe superar es la de entender la invención estructural como aislada en sí misma, ensimismada. Hemos visto que los mecanismos de configuración de la forma responden a cuestiones específicas del núcleo clásico de la producción arquitectónica, y así, los mecanismos empleados podrán ser de origen netamente estructural, pero las claves son luz, circulación, orden, espacio, relación con el entorno, continuidad de lo urbano, carácter de lo público... en definitiva, arquitectura.

EN EL FONDO, TODO ES UN JUEGO

La gravedad, por tanto, viene a ser la materia del juego, el instrumento cuya manipulación cataliza cuestiones que apelan a los invariantes por los que siempre se han interesado los arquitectos: lo colectivo y lo singular, la ciudad y la estética, la construcción y la imagen...

Y el juego no pretende mostrar una fortaleza, sino afrontar jovialmente un problema eterno de la construcción: el peso. Pero hacer el mago con la gravedad no significa hablar de ligereza, cosa en el fondo banal, sino de levedad.

De una levedad de lo pesante, de una levedad no solamente gravitatoria, de una levedad que parece rozar graciosamente a esta arquitectura: todo parece fácil, "todo", no sólo forma o imagen, sino uso y lugar, equilibrio y programa, ciudad y arquitectura.

Parafraseando el título de un libro de aforismos de Jorge Wagensberg , *"si esta arquitectura es la respuesta, ¿cuál era el problema?"* Y descubrimos que, al final, el programa no es un problema, la fachada no es un problema, la estructura no es un problema, la ciudad no es un problema... Tal vez sea la clave de esta arquitectura: enfrentarse a las preguntas de tal manera que los conflictos desaparecen. ¿Problemas? ¡No! ¡Respuestas! El espacio, la ciudad, la vida, son la respuesta a un problema que nunca lo fue, somos los arquitectos los que, no alcanzando tal claridad intelectual, convertimos la realidad en problemática y no en lo que debiera ser: un mero placer de estar vivos. Paulo Mendes da Rocha nos permite mirar más alto y más claro.

Poética de la gravedad[7]

Stravinsky: *"no es un secreto para ninguno de los que me escuchan que "poética", en el sentido exacto de la palabra, quiere decir el estudio de la obra que va a realizarse. (...) La poética de los filósofos de la antigüedad no admitía lirismos sobre el talento natural ni sobre la esencia de la belleza"*.

Hormigón: parece que lo conocemos. Nos han hablado de pórticos, de losas, de forjados más o menos aligerados, tenemos un cierto rango de esbelteces en nuestro subconsciente, sabemos incluso de otras formas más complejas cuyo éxito consiste curiosamente en que no son nada complejas. Pero todo eso salta por los aires el día que cae en nuestras manos una publicación sobre la arquitectura brasileña de los últimos cincuenta años.

Este encuentro depara una sorpresa: el modo en que se emplea el hormigón como elemento significante y, sobre todo, la desenvoltura con que se diseña con luces que aquí consideramos excepcionales. Como si apenas costara esfuerzo.

Un estudio más profundo nos sorprenderá por una contradicción: la conciencia de subdesarrollo, no sólo social, sino técnico, manifestada por los protagonistas de estas obras, condición desde la que, sin embargo, se alcanza una alta conciencia del papel de la técnica en la consecución de sueños de arquitectura.

Porque la técnica no sería apenas nada sin el pensamiento capaz de ponerla en tensión para la obtención de una arquitectura que pueda aportar siquiera un renglón a la historia.

Y tal pensamiento existió.

Años cincuenta y sesenta, Brasil: lo enunciado como sueño en los años treinta se convierte en realidad reinterpretada; lo que durante mucho tiempo es metáfora, deviene realidad construida, adaptada, sí, a una sociedad y un lugar oportunos, pero en modo alguno regionalizada, sino, en tanto que arquitectura, simplemente universal.

Los años anteriores han sido para Brasil de internacionalización, el descubrimiento de un territorio promisorio, donde las prédicas de los

[7] Arquitectura, n° 356, 2009.

Marcelo, Milton y Mauricio Roberto, edificio de viviendas "Marqués de Herval", 1953-55.

apóstoles de la modernidad han sido escuchadas y creídas seriamente. Allí el poder político ha sido capaz de confiar en los arquitectos y la nueva arquitectura es percibida como reflejo del deseo de mejora social. El mejor de los mundos, probablemente.

En 1956 se publicó un libro hoy mítico: "Arquitectura Moderna en Brasil", de Henrique Mindlin. Ese mismo año, el 20 de septiembre, se convocó el concurso para el planeamiento de Brasilia. El libro de Mindlin, por tanto, supone una excelente foto fija de un momento muy significativo. La fecundidad mostrada es impresionante, con gran cantidad de arquitecturas de una modernidad madura difícil de encontrar en otros lugares. Se está ya apuntando, además, un modo propio de hacer, en la línea de la adaptación de las pautas proyectuales del Movimiento Moderno a las particularidades geográficas y productivas de Brasil. Aún no ha eclosionado la llamada arquitectura paulista, pero alguno de sus inmediatos protagonistas ya aparecen en esa foto fija, dentro de un modo de hacer aún formalmente cercano a estilemas del llamado Estilo Internacional.

El fenómeno no es exclusivo de Brasil: en aquellos años América en toda su extensión, de los Estados Unidos a Argentina y Chile, va regalando in-

Affonso Eduardo Reidy, conjunto residencial "Marqués de San Vicente", 1952.

creíbles piezas de arquitectura que desarrollan un programa que en Europa apenas ha calado a gran escala; si aquí la arquitectura moderna nunca ha terminado de constituir una vigencia cultural y social en el estricto sentido del término, en América todo resulta muy diferente en aquellos años: las case study houses, las obras de Gordon Bunshaft, Neutra, Elwood, la modernidad de corte "ortodoxo" de Méjico, Venezuela, Chile, Argentina, Uruguay... acompañan a esa modernidad brasileña de muy alta y equilibrada calidad, con obras como las de los hermanos Roberto, Rino Levi, Niemeyer, Lucio Costa, Affonso Eduardo Reidy, Sergio Bernardes, Jorge Machado...

Son los años de una América que no ha librado la Segunda Guerra Mundial en su territorio y que por tanto ha alcanzado y adelantado a Europa, demostrando desde la práctica la posibilidad de hacer realidad un sueño nacido en un mundo bien distinto. Son también los años de una democracia generalizada en el continente, fundamentalmente en paz y con unas expectativas de crecimiento promisorias. Luego llegarán los movimientos populistas, las dictaduras militares, las desigualdades exacerbadas y la desunión, en un contexto en que la arquitectura pasará irremediablemente a un plano más oculto, pero no por ello menos intenso ni real.

Lina Bo Bardi, Museo de Arte de Sao Paulo, 1957-68

Justamente es en aquellos años previos al gran desastre cuando la arquitectura de algunos maestros da un salto en el vacío y propone algo radicalmente nuevo y diferente de lo que la tradición moderna había regalado ya.

Son los años en los que Lina Bo Bardi construye el Museo de Arte de Sao Paulo, empleando un sistema de pretensado especialmente adaptado a las condiciones tecnológicas del Brasil del momento por el ingeniero Figueiredo Ferraz; pero también construía su casa, un precioso y delicado pabellón elevado entre vegetación hoy frondosa, que destaca no tanto por la ligereza y atrevimiento de su estructura, sino por el modo tranquilo y heterodoxo de poner en juego conceptos conocidos para interpretar a su manera el sueño de habitar: con la única condición de la consistencia entre forma, técnica y, sobre todo, un modo de posarse sobre el mundo, que no es físico sino conceptual.

Un poco más tarde, como si fuera un canto de cisne del Brasil soñado y cercano a truncarse, Vilanova Artigas construye la obra más inexplicablemente desconocida (hasta hace poco) de aquel tiempo: la emocionante Facultad de Arquitectura y Urbanismo de Sao Paulo. Ambos edificios, la casa de Bo Bardi y la FAUSP, vienen a ser prinicpio y fin de este pe-

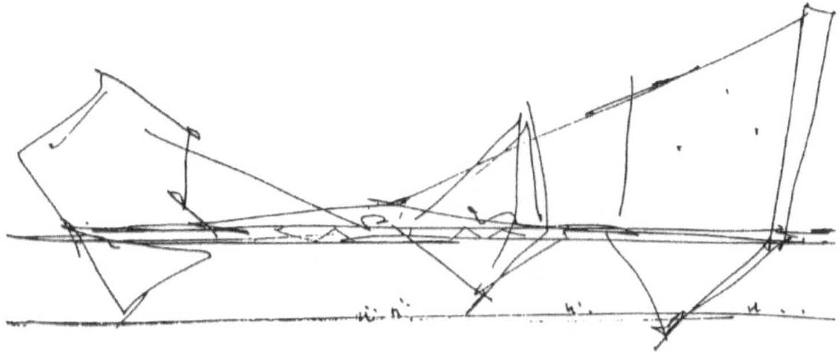

Paulo Mendes da Rocha, croquis para el Gimnasio Paulistano, 1958.

Vilanova Artigas, estación de autobuses de Londrina, 1950.

"Arquitectura, básicamente, es desafiar la ley de la gravedad. Eliminar apoyos, lanzar vanos, equilibrar. El resto es confort. Un poco de confort aquí, un poco de confort allí..." y ya de paso y en tono jocoso, *"Avisar a Vasconcelos (su calculista) que no se cayó".*

Vilanova Artigas, soporte de la Facultad de
Arquitectura y Urbanismo de la Universidad
de Sao Paulo, 1961.

ríodo de eclosión en que se configura un nuevo modo de hacer, un modo
de entender la arquitectura, arranque de lo que hoy se ha dado en llamar
"escuela paulista", que sigue viva y fecunda hasta nuestros días.

Los gimmasios de Itanahem y Guarulhos, de Artigas, y el gimnasio
Paulistano, de un jovencísimo Mendes da Rocha, confirman un singular
entendimiento del problema de la estructura, que no es identificable

Vilanova Artigas, apoyo del club de yates "Santa Paula", 1961.

*"Les confieso que busco el valor de la fuerza de la gravedad, no por
el afán de hacer cosas finas (...) de modo que lo leve sea leve por
ser leve. Lo que me encanta es usar formas pesadas, llegar cerca del
suelo y, dialécticamente, negarlas".*

Paulo Mendes da Rocha, apoyo del dintel del Museo Brasileiro de
Escultura, 1988.

como algo separado de la arquitectura: en ningún caso se trata de añadir
una nueva capa, sino de producir un conjunto del que el problema resistente es parte generatriz. La forma arquitectónica resulta conjuntamente
con la forma estructural importando ya muy poco la referencia a formas
conocidas: el proyecto resulta más bien un artefacto legitimado por su
propia coherencia interna, apenas nada más, pero nada menos

Paulo Mendes da Rocha, edificio SENAI, 1968.

Dicho de otro modo, en esta obra se entabla una relación dialéctica consciente entre arquitectura y gravedad, entendiendo e integrando ésta como material de trabajo del arquitecto.

La voluntad de manipulación es explícita para Vilanova Artigas:

"Arquitectura, básicamente, es desafiar la ley de la gravedad. Eliminar apoyos, lanzar vanos, equilibrar. El resto es confort. Un poco de confort aquí, un poco de confort allí...".

Podríamos caracterizar sus mejores edificios como nacidos de una voluntad de jugar con el equilibrio, estructuras "tensas", equilibradas después de haber introducido en ellas el desequilibrio:

"Les confieso que busco el valor de la fuerza de la gravedad, no por el afán de hacer cosas finas (...) de modo que lo leve sea leve por ser leve. Lo que me encanta es usar formas pesadas, llegar cerca del suelo y, dialécticamente, negarlas".

La apelación a la ligereza como sello necesario (incluso legitimador) de modernidad, es cuestión vieja que nos lleva a los orígenes de la vanguardia. Ligereza real o, tantas veces, mero fenómeno visual ligado

Angelo Bucci, casa en Carpaicuíba, 2003. Probablemente el mejor heredero de la tradición paulistana, capaz de un empleo exquisito y casi malabarista de la estructura de hormigón.

preferentemente a la transparencia. Pero para entender la actitud de Artigas debemos cambiar de perspectiva. No hablemos de la ligereza como carencia de peso, sino como expresión de la tensión vencida de la gravedad.

Podemos decir "no", pero la arquitectura es un "hacer"; es, por tanto, decir muchas veces "sí"... en una dirección específica. Podemos decir "no" y engañarnos, sencillamente. Olvidar hasta la ceguera la realidad, negar nuestras limitaciones y pies forzados. Olvidar que, en última instancia, la arquitectura se debe construir. Y recurrir, inevitablemente, al truco, a la ilusión, al "saber hacer"; a la ingeniería evidente –derrota de la arquitectura y del pensamiento y, por lo mismo, desilusionante. Recurrir, sencillamente, a que las cosas "parezcan ser de otro modo", para al final descubrir decepcionados que eran como no podían dejar de ser.

Pero podemos decir "no" a través de decir "sí" a otras cosas, a asumir una realidad que, trastocada por vía de la técnica y el orden material, consiga vencerse a sí misma y hablarnos de otra realidad que sí es posible.

La apuesta por negar dialécticamente la gravedad, a través de su puesta en relieve, es también la apuesta por conocer mejor el mundo y explicarlo

"La arquitectura brasileña es una línea horizontal levantada del suelo". (Lauro Cavalcanti)

a través de una viga, de un apoyo, de un techo tenso que nos impele a percibir su peso y, con él, el maravilloso acervo del conocimiento humano que nos permite colocarlo allí arriba, resistiendo.

No hay, pues, pretensiones heroicas, ni de batir records -quede eso para los atletas arquitectónicos- sino sólo un reto dialéctico con la naturaleza.

El arquitecto mira a su alrededor y encuentra una naturaleza, es decir, una realidad que aspira a comprender. Y la propia génesis de la arquitectura le permite conocerla mejor y con ella comprender mejor al ser humano y a la sociedad; sólo comprendiéndolas es posible ofrecer respuestas y evitar desastres:

"Aún cuando el empleo del pretensado conduzca a consecuencias técnicas considerables, la decisión de utilizarlo es por completo ajena a la técnica. Consiste solamente en adoptar una posición, frente al mundo exterior, por un técnico que decide aceptar un aumento de responsabilidad y de esfuerzos, para entender mejor este mundo". (Eugene Freyssinet)

Frente a escalas mezquinas y elementos minúsculos, la filiación ingenieril de la arquitectura brasileña dispone herramientas adecuadas para esa deseada transformación de la naturaleza. Al cabo, la libertad de la construcción es también la libertad respecto a la construcción.

Nuestros protagonistas consiguen llevar a los límites esa libertad, pero también algo mucho más importante: conciliar las distintas escalas de actuación de la naturaleza desplegando una respuesta integral al problema planteado, que es tan capaz de resolver un vano de 110 metros como de diseñar un emocionante sistema de apertura automática de una ventana doméstica. Son muchas las razones que se apoyan unas en otras en pos de la deseada coherencia.La gran estructura no es pretexto de nada, sino condición necesaria para la generación de objetos arquitectónicos de extraordinaria justeza y consistencia.

Los croquis de Mendes da Rocha suelen contener una solución completa con una extraordinaria economía de medios. Vemos allí una sombra, un árbol, una persona mirando (y la cota desde donde mira, que no es casual), un accidente del terreno, un encuentro entre el cielo y la tierra, mediatizado por unas cuantas operaciones, cuya materialización es la arquitectura. Pero si una casa es la oportunidad de habitar bajo una sombra, su complemento es que el modo de producir esa sombra es resultado del enfrentamiento dialéctico entre arquitectura y gravedad, resuelto desde la posesión de una técnica que informa al pensamiento. Luces, cantos, opciones nuevas que hacen viables arquitecturas que de otro modo serían remedos de un deseo, búsquedas de una sublimación de lo imposible a partir del límite de lo posible.

En suma, la relevancia del hormigón en la arquitectura brasileña es ciertamente su característica más evidente para la mirada; pero erraríamos si creyéramos que el material es lo importante y lo que debe ser analizado. No, ni mucho menos. Opera más bien como una herramienta que, empleada con soltura y sin hacer problema de ella, permite hacer realidad un sueño, un deseo cuyas claves son más bien un modo de mirar el mundo y la sociedad, un entendimiento de la arquitectura como un ítem fundamental en la concordia entre la naturaleza y el ser humano, una técnica, en fin, con la que producir una arquitectura que sin ella no hubiera sido posible, pero que sin la pulsión previa por explicar y explicarse el mundo resultaría estéril.

No nos engañemos:

"Se debe pensar con la técnica, si está preparado para ello. Por tanto, lo que aparece como técnica no es la técnica, sino el pensamiento y la razón". (Paulo Mendes da Rocha)

Una explicación
de la casa Echevarría[8]

Oíza es una fuerza indomable: camino que recorre, lo exprime hasta
el final, al punto de parecer que ya no hay nada más que decir en ese
tema. ¿Se puede acaso pensar en una fachada de un edificio de oficinas
sin tener presente la del Banco de Bilbao y sin saber que ya TODO fue
dicho? ¿Se puede pensar en una torre de viviendas sin sentir que con
Torres Blancas se remató un camino? ¿Se puede trabajar con el ladrillo
y la teja actualizando el lenguaje artesanal sin fijar la mirada en la casa
Echevarría?

Recomendaba Oíza leer la "Poética del espacio", de Bachelard; parece
que aquel interés comenzó en los tiempos en que se gestaba la casa
Echevarría, que podría leerse como la ilustración de esa obsesión, materialización de una ensoñación, la casa, que se construye como un pequeño universo de sensaciones ancestrales.

Propongo al lector un recorrido por esta casa, pero no al modo habitual
de una visita sobre lo ya construido, sino construyéndola paso a paso.
Entendiendo cómo las decisiones de proyecto van respondiendo a las
preguntas del lugar y del programa. Por su carácter narrativo, esta casa
es explicable en todos y cada uno de sus rincones. No hay misterio, sino
poesía; no hay ocultación, sino incógnitas e intensidad.

Comencemos presentando el lugar : esta casa se encuentra en Madrid,
en la calle Lamiaco 27 de la urbanización La Florida, una zona de muy
alto nivel económico pero situada en un lugar excesivamente cercano a
una vía rápida: entre la carretera nacional VI y el Monte de El Pardo; es
una lengua de terreno que en 1972 se encontraba bastante más separada
del continuo urbano de lo que lo está hoy. La urbanización, parcelada a
mediados de los años cincuenta, se encontraba bastante desarrollada,
con alrededor de la mitad de las parcelas ya construidas. En concreto,
los vecinos limítrofes a la parcela que recibe Oíza ya estaban allí.

La parcela es un triángulo cuyos catetos miden en torno a ochenta
metros (a sur-suroeste) y cincuenta metros (a este-sureste), con una
hipotenusa curva. Contaba con una superficie de alrededor de dos mil
metros cuadrados. El lindero este se encuentra ligeramente virado hacia
el oeste, unos veinticinco grados. Al frente de parcela (es decir, a la

[8] II Congreso de arquitectura Moderna - Fundación Alejandro de la Sota, marzo de 2015.

calle) se debe guardar un retranqueo de seis metros, mientras que a los linderos el retranqueo mínimo debe ser de cuatro metros. Esta primera condición es importante reflejarla en el plano, pues va a ser absolutamente determinante a la hora de plantear la casa.

Vamos a ir reproduciendo a partir de aquí un "proceso ideal de proyecto", que evidentemente no se puede pretender que tenga relación alguna con el proceso real. Cuenta en sus clases el profesor José Manuel López-Peláez cómo esta casa fue creciendo a través de un proceso de vaciado de una maqueta de corcho, resultando el volumen de la construcción como el negativo del espacio libre. No es sin embargo el objeto de este artículo ir por esa línea de "arqueología" del proyecto, por otro lado ya avanzado por el citado autor (en el sentido de tratar de trazar el recorrido real del proceso proyectual), sino analizarlo por otro método: tratar de deducir, a través de la realidad final, cuál podría haber sido un proceso ideal de proyecto. En otras palabras: cómo podríamos reconstruir un proceso lógico e ideal en que todas las decisiones se hubieran ido tomando una tras otra en un orden lógico y sin vueltas atrás. Este método nos permite entender con gran nitidez la estructura interna del proyecto y desvela el sentido articulado del conjunto de decisiones que lo conforman.

Comencemos.

La primera decisión tiene que ver con el sol y, en resumen, con su posición en el lugar: dada la situación de la casa, la opción más razonable parece "comprimir" la construcción hacia el norte y noroeste, con el fin de abrir la casa lo más posible al sol de sureste, el más favorable en Madrid. Esta decisión es concurrente con la complementaria de cerrarse hacia el norte, que es también la calle. La casa se "aprieta" contra un muro que se sitúa en el límite máximo que el retranqueo permite a norte y se dibuja así su perfil curvo, que no es sino el de la parcela. Esta condición va a marcar la traza general de la casa, que se va a desarrollar con una concatenación de espacios rectangulares que necesitan una cierta distancia respecto de ese muro curvo, para evitar conflictos.

Complementariamente a ello, se hace necesario establecer un filtro en los otros dos lados de la parcela, es decir, en los lindes respecto a otros vecinos; la construcción del linde se va a realizar mediante jardineras que aseguren por un lado solidez y por otro un buen sustento para la independencia visual de la casa respecto de las adyacentes.

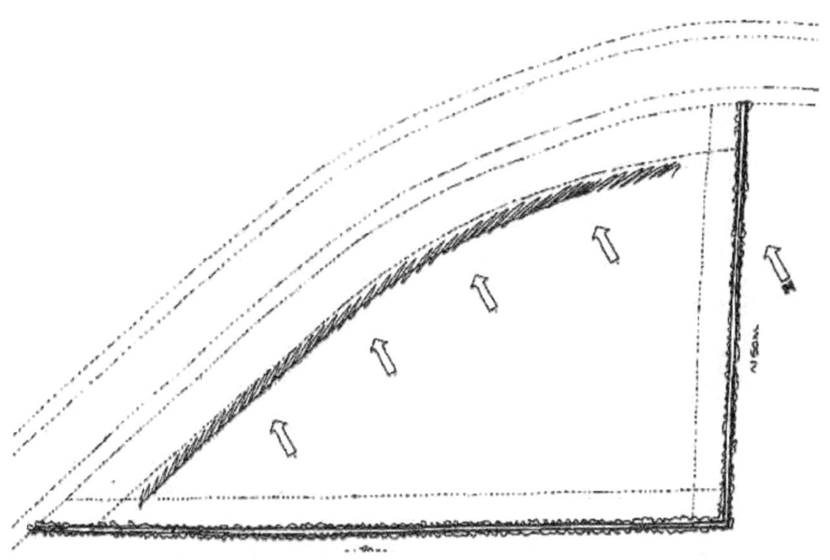

Punto de partida: parcela, retranqueos, orientación y vecinos.
(Dibujo: JMG del Monte)

En este primer estadio, por tanto, queda definido el "campo de juegos" mediante un recinto de muros de cualidad diferente pero complementaria: muros verdes a sur y este, muro duro a norte; entre medias, queda un ámbito de libertad en el que es preciso encontrar aliados para tomar las primeras decisiones de trazado. El muro sur, el más largo, va a tomar el liderazgo a la hora de establecer la dirección de las ortogonales que definen las trazas de la casa. Esta decisión tiene que ver también con el establecimiento de una orientación dominante, que no podía ser sino el este-sureste, que corresponde al lado corto de la parcela. Esta orientación resulta especialmente interesante para los dormitorios (se recibe la primera luz de mañana y se propicia así una vida cotidiana muy en contacto con el ritmo natural del sol), por lo que obtener allí un mayor espacio libre, donde poder situar una piscina, zonas de juegos y similares, resulta muy adecuado. Esta explanada tendrá además excelente soleamiento durante todo el día, pues en ningún momento la casa le arrojará sombra. En cambio, hacia el suroeste la cercanía al lindero resulta favorable, pues se contará con la sombra arrojada por el muro vegetal si se aproxima uno lo más posible a él. Definidas estas distancias respectivas, la decisión de que sea el lindero sur el que marque la traza principal es obvia, con vistas a evitar formas trapezoidales en espacios libres que serían muy sensibles a tal desviación: mientras que el jardín grande es insensible a ello por su tamaño, el espacio libre al sur resulta más ordenado si se traza en paralelo al lindero. La voluntad de orden, en fin, no alcanza sólo a la casa, sino también, y esto va a ser muy importante (y conviene recordar esa condición de casa nacida desde el vaciado), a los espacios libres de ésta.

Una segunda cuestión interesante tiene que ver con la decisión de que los ámbitos de expansión de la zona de salones y la de dormitorios sean totalmente independientes. Una cosa es un jardín para el juego de los niños y para la intimidad de la familia y otra cosa muy diferente es el espacio de expansión del salón y, en general, de la zona social de la casa. Esto va a empezar a conformar una necesidad de ámbitos exteriores aislados entre sí y a establecer un gradiente de intimidad.

Al respecto, conviene considerar el programa familiar para el que desarrolla esta casa, pues su complejidad va a dar claves fundamentales para su composición. Se trata de una casa pensada para un modelo de familia con varios hijos, en que los padres tienen una intensa vida social y profesional. Así pues, la parte diurna de la casa ha de contar con suficientes grados de manejo de la condición pública de cada espacio: será previsible la recepción de personas con un carácter fundamentalmente profesional (con ese grado de cercanía que implica el poder recibir en casa, pero con ese grado de lejanía que exige evitar una invasión de la intimidad de la casa), también la posibilidad de reunión de grupos con diferente carácter, más o menos cercanos, y considera adecuadamente en cada caso el nivel de cercanía. Además el espacio de comedor deberá tener una presencia clara y permitir su adecuado servicio. Esta complejidad de programa requiere además de un suficiente servicio, por un lado ligado a la cocina y cuidado de los niños, por otro ligado al coche; es decir, un servicio clásico de "cocinera y chófer", que parece sacado de una película, pero que no es menos cierto que continúa siendo válido en ciertos estratos sociales incluso a día de hoy.

Dicho de otro modo, en realidad hay dos casas: la casa servida y la casa de servicio. Y esto en grado máximo: la presencia de una pareja de servicio interno requiere organizar su vida con independencia de la de la familia de la casa, pero con una necesidad de calibrar bien los puntos de contacto, de asegurar un eficiente servicio y, además, de permitir una razonable vida independiente a esa familia de servicio. Aquí va a aparecer ya uno de esos rasgos que hacen que esta casa sea especial, pero que también hablan de los intereses de Oíza por hacer una arquitectura que atienda a las necesidades humanas con intensidad. La presencia de esa segunda familia al servicio de la primera es uno de esos temas en cuya resolución se ve el grado de sensibilidad de un arquitecto. La condición de relación de servicio debe ser tratada con delicadeza para que no se convierta en agobiante o coercitiva, para permitir, en fin, una suficiente independencia y vida propia más allá de las horas de trabajo. Oíza va a apostar por construir realmente una segunda casa y por dotar a esta casa de las condiciones de una vivienda independiente y partícipe de los privilegios que el emplazamiento pueda ofrecer.

Ligando esta exigencia, podríamos decir que ética, a la conveniencia de separar las zonas exteriores pública y privada de la casa servida, así como a la necesidad de establecer relaciones adecuadas de circulación para la prestación de ese servicio, se destilan las primeras trazas decisivas de la casa.

La casa de servicio se va a situar en el lado sur, lo más pegado a lindero posible, es decir, a los cuatro metros de distancia obligados por la normativa urbanística. Esta casa se va a ligar a la casa principal por dos extremos (cocina y garaje, justo los dos usos que definen la clase de servicio que desde esta casa se presta a la otra), definiendo así un patio, separado del jardín este del recinto. El conflicto entre estas dos casas, enfrentadas por el patio, se resuelve en planta por un cerramiento continuo; pero esta tapia podría constituir un problema, al generar una cierta incomodidad de cerrar el patio de la casa principal mediante muros, que definan un recinto cerrado y concluyente. La solución a esta incomodidad va a venir dada por la sección: el terreno sube suavemente hacia la cubierta de la casa de servicio, consiguiendo con ello dos hechos importantes: por un lado, se va a hacer posible la conexión entre el patio y el jardín, sin interferir para ello con la conexión interna entre ambas casas; por otro, se evita la presencia del muro como horizonte de la zona pública de la casa principal, sustituyéndolo por un paisaje ajardinado que concluye contra el cielo. Es decir, ese patio de clausura se dota de una

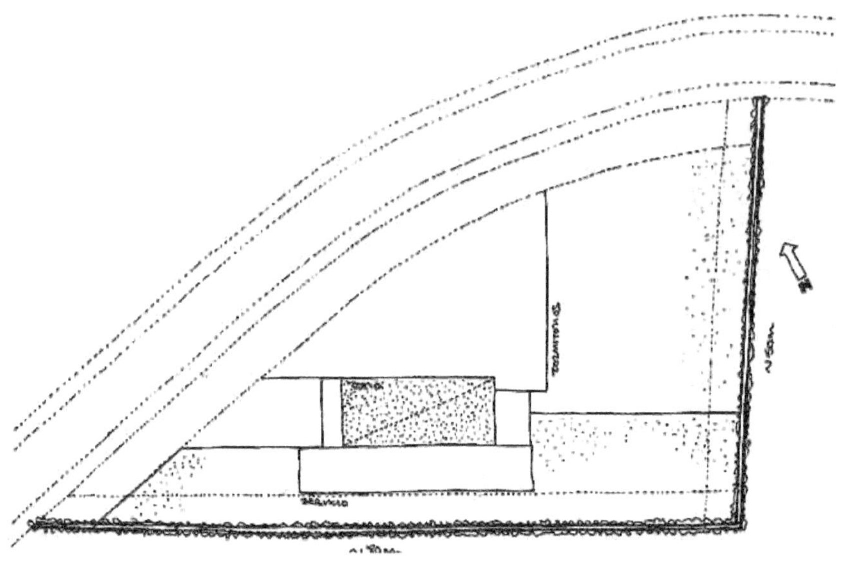

Disposición de las dos casas definiendo un patio privado de la casa principal.
(Dibujo: JMG del Monte)

escapatoria doblemente satisfactoria, a nivel utilitario y figurativo, la casa cobra una continuidad que la conecta con ese más allá que contiene la propia casa en sí, pero sobre todo se evade de su condición urbana, al permitir la ilusión de esa continuidad visual del verde al cielo, como si no hubiera límites.

En cuanto a la casa de servicio, cobra para sí el dominio de la franja de retranqueo, que queda como jardín propio con unas dimensiones envidiables, de setenta por cuatro metros; la casa puede abrir en toda su dimensión a este espacio y se conforma aún más con independencia absoluta de la casa principal, pudiendo ser posible la intimidad tanto en el interior de la casa (a salvo de miradas ajenas) como en el exterior. En este aspecto resulta esclarecedora la decisión de Oíza de construir una nueva jardinera, similar a la de los linderos, sobre la coronación de la casa de servicio: como se observa en sección, esta línea previene por un lado de las caídas, da continuidad al recorrido entre el patio y el jardín, pero, sobre todo, evita la mirada hacia el espacio de jardín de la casa de

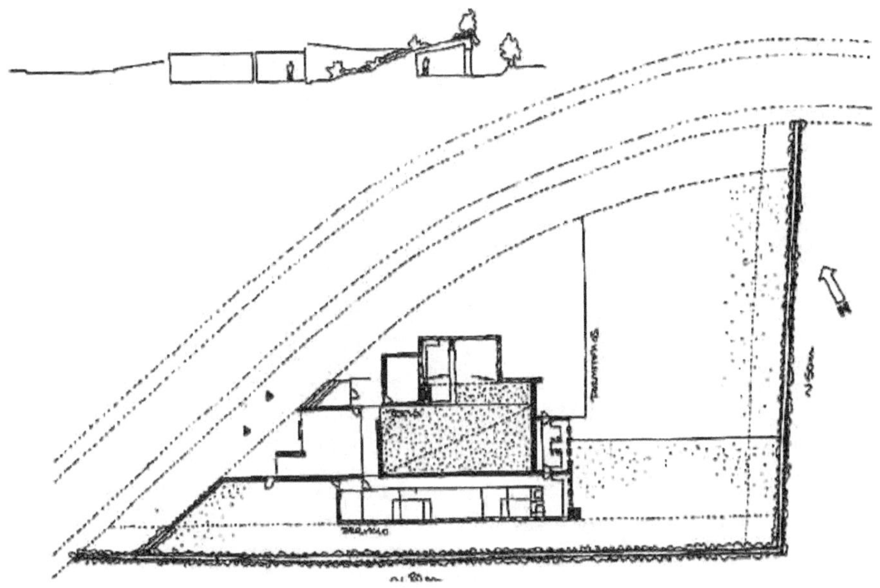

Esquema de casa doble y sección que explica su relación; obsérvese la independencia de la casa de servicio. (Dibujo: JMG del Monte)

servicio, asegurando su privacidad. Es decir, y aquí está lo importante, la casa de servicio es tratada con todas las consideraciones que una casa que lo quiera ser requiere. Su independencia, su intimidad, son tan importantes como las de la casa principal; su jardín no es menos intenso, su soleamiento es igual de satisfactorio y su entrada, directa desde la calle y a través de un jardín, es posible sin pasar por la casa principal. Su condición de casa exige un cuidado que en nada se ve menoscabado por su condición de servicio.

Respecto al patio, la condición de apertura en el lado sur se complementa con una sucesión de espacios entreabiertos en su lado norte, que es la fachada de la casa hacia el jardín. Allí, vamos a encontrarnos con espacios cubiertos y abiertos, con estancias al aire libre y zaguanes que se pueden abrir o cerrar visualmente con celosías correderas de madera. El cerramiento térmico se encuentra bastante atrás y a su vez se configura más como una celosía, en este caso de ladrillo y vidrio, que como un paño de fachada. El despacho, que se sitúa enfrentado a la entrada (mínima

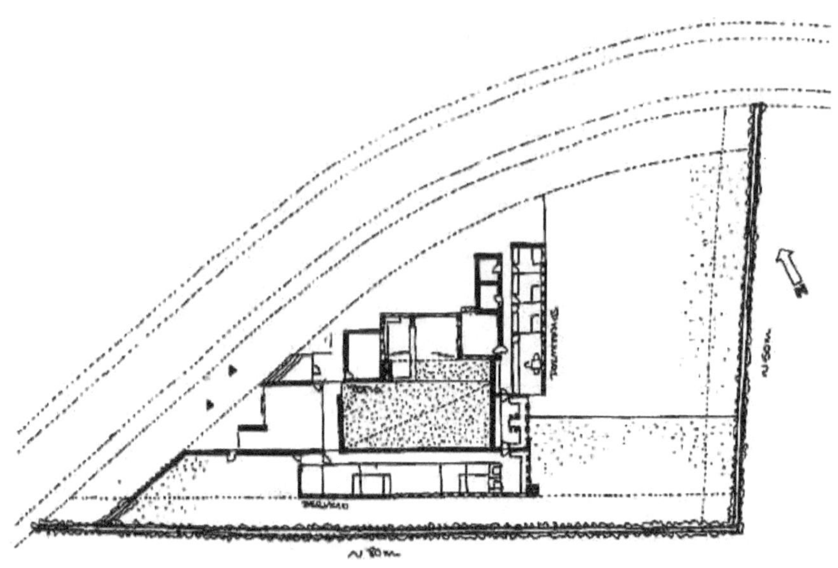

Colocación de los dormitorios de niños.
(Dibujo: JMG del Monte)

invasión del espacio de intimidad), no abre hacia el patio sino hacia este espacio intermedio, preservando también la intimidad del espacio abierto de la casa. Este zaguán profundo concentra la cualidad de la casa como ser entreabierto, que destacaba Oíza como condición última y propia de toda casa que realmente lo sea. Además, la entrada en bajada (condición de guarida) adelanta y previene de ese tono íntimo y entreverado que adquiere la casa desde su primer contacto. Bajada suave y a cubierto, puerta celosía que permite intuir el sol al fondo, mirada tamizada a un espacio que es exterior pero sólo a medias. La intimidad se sugiere y se vela a un tiempo, el espacio abierto hay que ganárselo porque, como patio, es cerrado y privado, es clausura. Y abierto. Suma de contrarios.

Retomemos el tema de la doble casa: los elementos que van a permitir la conexión entre ambas casas, decía anteriormente, son los propios de la función de servicio. Al extremo más cercano a la calle se sitúa el garaje; en el cercano al jardín se sitúa el oficio comedor de diario, que va a estar directamente anexo a la cocina. Se establecen así dos polos que a su

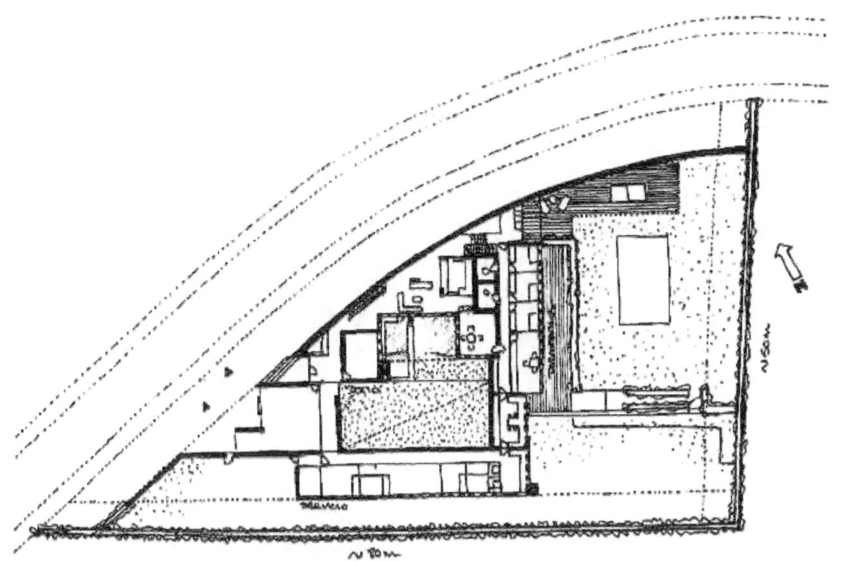

El muro a calle se cierra y define los salones por contraste con el resto de dependencias ortogonales.
(Dibujo: JMG del Monte)

vez con coherentes con la disposición general del programa de la casa. El garaje define además dónde se sitúa la entrada peatonal y se conecta directamente al recibidor de la casa, de tal modo que este espacio de llegada es el mismo se llegue a pie o se llegue en coche (condición tantas veces obviada, pues debería quedar claro que la manera más habitual de llegar a tantas casas es justamente desde el garaje). Por el lado de la cocina, el oficio va a ser además la conexión a una agrupación de estancias relacionadas con los hijos de la familia: se constituye una crujía de pasillo más estancias, abiertas a este y por tanto al jardín; aquí van a estar tres dormitorios orientados a naciente y, a continuación, antes del oficio, una sala grande común para juegos y estudio. Esta sala permite "ganar terreno" al paso de servicio hasta el comedor sin interferir en este recorrido lógico cocina-comedor con la zona de noche de los dormitorios. Por otro lado, el oficio cobra sentido como comedor de diario y de desayunos para los hijos y además se estructura un paso de servicio para poder atender adecuadamente a éstos en su infancia temprana por

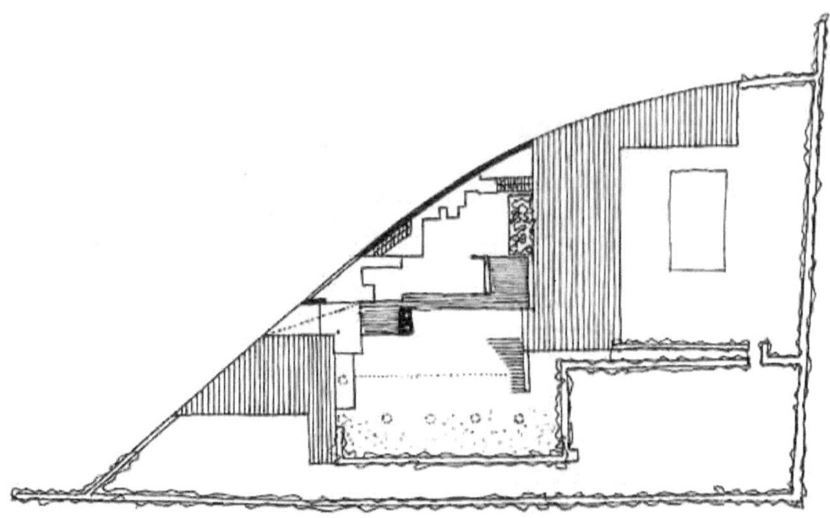

Planta alta: terrazas, cubiertas y relación entre jardín y patio.
(Dibujo: JMG del Monte)

parte del personal de servicio. Esta tercera casa, latente, funciona con su propia independencia, se crea un circuito lógico entre dormitorios (zona de noche), sala de estudio (zona de día), jardín y cocina, con los aseos emplazados de manera que creen un colchón hacia el salón.

El comedor mismo actúa como una esclusa entre la zona social y la zona privada de esta planta de la casa, entre la zona social y la zona de servicio. Su relación con el patio es también a través de una fachada celosía, en un segundo término que le garantiza la sombra y el frescor.

Como resultado de todas estas decisiones, la casa se ha abierto decididamente hacia dos de sus lados, quedando cada vez más configurada como trasera su fachada a la calle, que adquiere ya ese tono de muro o tapia continua, solamente rota para producir la entrada; la casa se ha ido ordenando en torno al patio con unas trazas paralelas al lindero sur, de tal modo que el espacio público de la planta baja ha quedado configurado por contraste con esas estancias ortogonales; éstas nunca tocan al

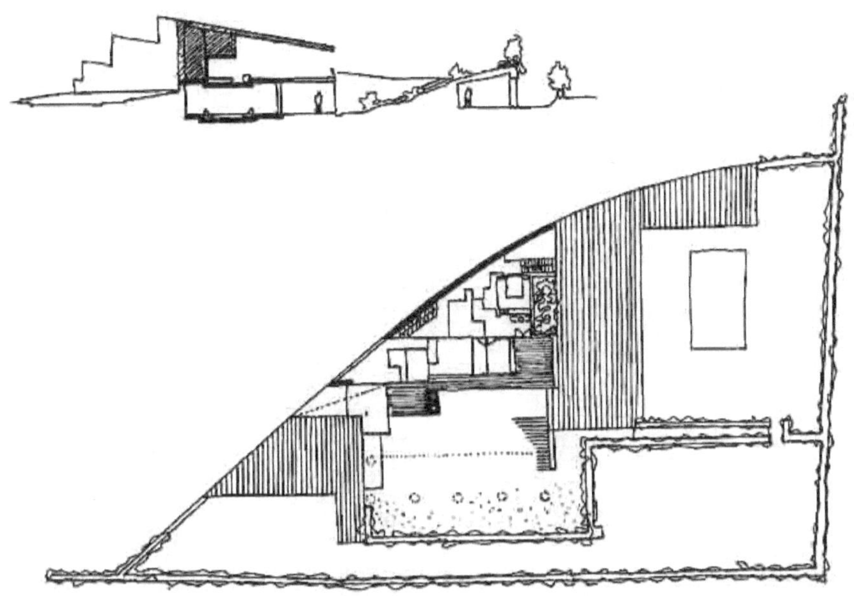

Obsérvese la sección del dormitorio principal y su relación con el salón rehundido. (Dibujo: JMG del Monte)

muro, dejando que fluya el espacio entre ambas geometrías y resultando así una planta de salones fluida pero que recoge la irregularidad amparada en su mayor permisividad a las oblicuidades.

Volveremos más adelante sobre este salón, pero vamos ahora a atender a la planta alta, donde se sitúa el dormitorio principal. Se disponen dos escaleras: una, junto a la entrada, se sitúa en paralelo al muro curvo y permite una subida rápida desde la entrada, casi una escapatoria que evita el tener que cruzar el salón y permite una rápida atención desde arriba a la zona de acceso; la otra, rematando el eje de dormitorios y baños, donde se desvela el desnivel que existe entre éste y el salón: los dormitorios de niños quedan en un nivel intermedio, relacionados con el jardín a través de un espacio abierto acotado y cubierto, amparado por la techumbre de la casa. Una rampa en el pasillo de dormitorios restablece la igualdad de cotas necesaria en el acceso al comedor. Esta segunda escalera arranca desde dentro del pasillo de los dormitorios de niños y

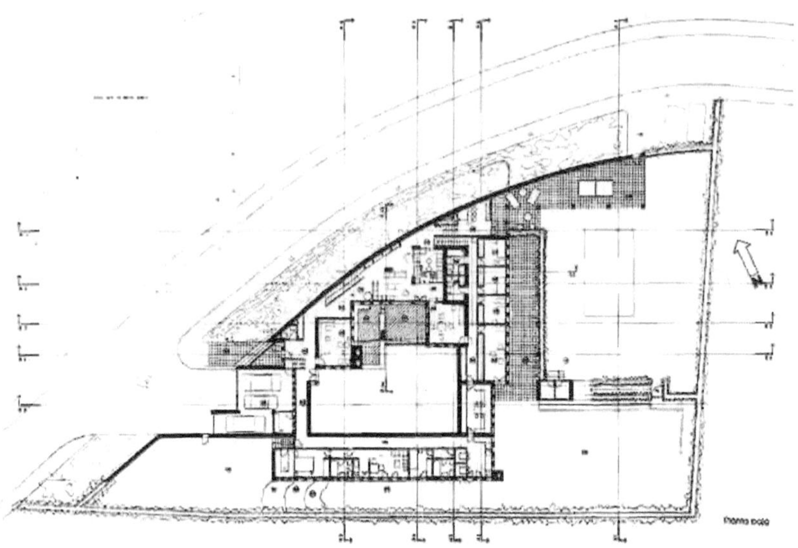

Planta baja completa, donde se observa el tratamiento de la franja de retranqueo norte (Dibujo: F.J. Sáenz de Oíza. Fuente: El croquis 32/33, abril 1988, p.74)

permite una relación directa entre padres e hijos, reforzando esa idea de una tercera casa latente en la primera.

En esta segunda planta se sitúa el dormitorio principal, un segundo dormitorio para invitados y una zona de trabajo junto a la cual vemos la doble altura del vestíbulo de la casa, que aquí descubrimos; esta doble altura remarca el contraste entre la bajada a la guarida que es la entrada y la escala mayor de este vestíbulo, donde no sólo se atisba el entreverado de la luz hacia el zaguán del patio, sino también esta extensión hacia un segundo piso que se intuye y no se ve. En esta zona de trabajo también se abre el muro superior, a través de una ventana con celosía de madera pintada de rojo, que hace las veces de centinela.

Se repite el esquema de la planta inferior, con una suma de estancias ortogonales que se agrupan desde la fachada sur de la casa hacia el patio, comenzando con una veranda con celosías y una terraza profunda, que abre a sur y permite mirar también a este, hacia el jardín, sobre la cubierta de teja, rotunda, de la casa, que construye así su propio paisaje

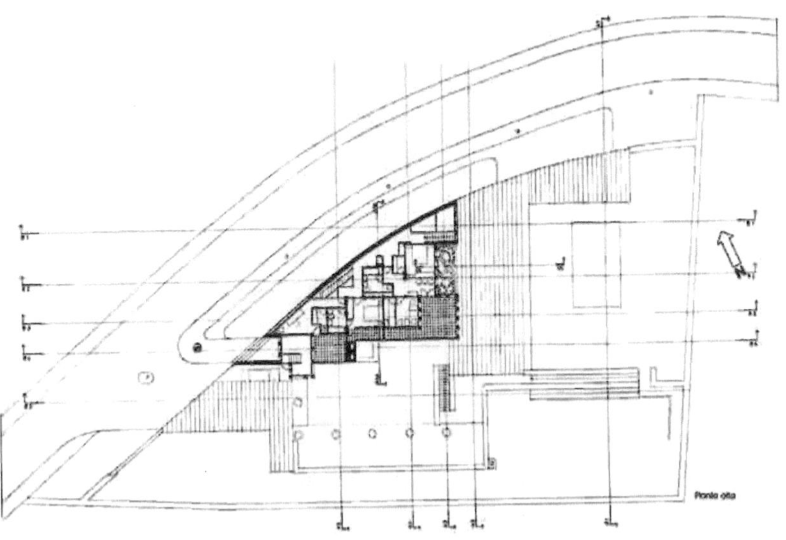

Planta alta completa (Dibujo: F.J. Sáenz de Oíza; fuente: El croquis 32/33, abril 1988, p.75)

cercano. Tras esta capa de atmósfera densa, de veladura respecto del exterior, las estancias se empujan y van encontrando su sitio ajustando sus costuras; si abajo tenemos un encaje sencillo y claro, aquí se diría que cada tabique (hábilmente dibujado como una lámina plegable y dúctil) va siendo ajustado poco a poco, hasta encontrar el preciso punto en que todos los globos de aire que lo empujan encuentran su equilibrio.

El dormitorio principal requiere un análisis especial por su complejidad y por la intensa elaboración que lo conforma. La entrada, en recodo, permite un primer acceso a aseo y armario sin molestar en la zona de la cama, la mirada se dirige hacia el espacio de terraza, pero a través de otro espacio interpuesto, que es una pequeña sala vestidor, y junto a ésta un armario; la mirada ha ido de dentro hacia afuera y se ha dejado atrás el auténtico centro del dormitorio, que queda a la espalda del visitante. Primero, aún, otro espacio de transición, una pequeña zona donde el dibujo de un par de sillones nos habla de esa zona de pereza dominical, de esa concepción del dormitorio como una constelación de pequeños espacios concatenados, interiores y exteriores, que configuran un pequeño mundo aparte.

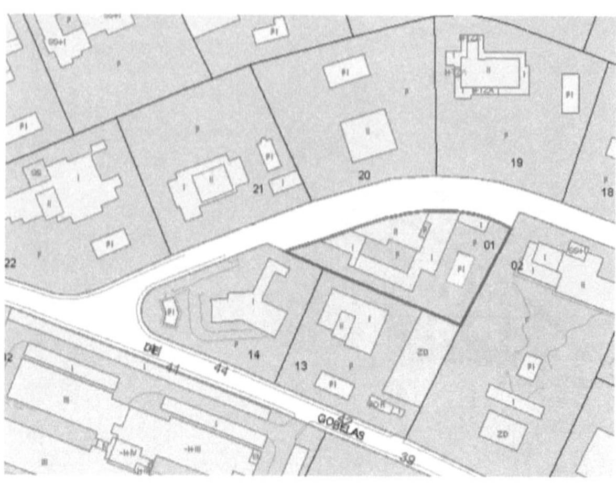

Pano catastral de la zona, donde se aprecia cómo se dado carta
legal a la cesión de la calle de la franja de terreno del retranqueo
(Fuente: Oficina virtual de la Dirección General del Catastro)

Volvamos la vista al espacio más íntimo: el espacio de la cama es
estricto, no sobra nada. La cama y apenas un paso a cada lado y a sus
pies. Fuera de este recinto estricto, un boudoir, un vestidor, una mesa
de trabajo, una terraza a sur y de nuevo la celosía, que protege de las
miradas desde el patio. Un lugar abierto también al sol y también oculto,
un lugar desde el que mirar sin ser visto, la garita de un centinela de la
privacidad. Pero hay que mirar más: obsérvese cómo el suelo desciende,
dos escalones; también el techo es más bajo, se ajusta drásticamente
la medida de este recinto, que queda acotado en unas dimensiones muy
ajustadas también en sección.

El recinto de la cama es el lugar preciso, ajustado a los cuerpos, nada sobra, nada debe sobrar, como en un abrigo confortable. Es el nido bache-
lardiano, el hondo y profundo lugar de la intimidad, donde todo exceso de
tamaño rompe la magia y viola la intimidad. Es el nido, el cobijo, el último
reducto de la casa, al que se llega buscándolo, en espiral. La cama nido,
la casa nido, Bachelard sin duda.

Y un más allá para que no sea un punto de viaje final: si todo el dormitorio abre a sur, esta zona íntima abre hacia el este, es decir, a naciente. El

sol y el cielo a través de una jardinera, a través de lo verde; verde, cielo y sol en una misma mirada. Se diría que este reducto de la intimidad quiere ser ese nido protector desde donde cada mañana poder saludar el milagro del sol que vuelve a salir. Al este, para que los primeros rayos del sol despierten de mañana. "Cántico" traducido a la arquitectura.

Y falta aún un detalle: volvamos a la planta inferior, al salón, a esos sofás que son a su vez el núcleo de un espacio que, teniendo varias zonas de reunión, sin embargo marca con nitidez cuál es la zona de mayor intimidad. Varios sofás en reunión en un lugar también ligeramente rehundido, dos escalones. Una vez más, y van tres, el descenso es la huella de la intimidad. Éste es el lugar de las amistades cercana, de las confidencias, de la charla secreta, de las copas hasta el amanecer en la calma del hogar. Esos dos escalones vuelven también mágico ese lugar, nido de lo social.

¡Oh! No podía ser menos. Uno y otro nido están exactamente uno encima del otro. El nido de la pareja, el espacio estricto de la cama, es también el reflejo del nido de lo social, el espacio estricto de la amistad. Un eje virtual une ambos mundos y convierte la casa en algo más que un hogar. Quizá, en una manera de señalar todo lo que de mejor nos puede regalar la vida. Desde esta perspectiva, podríamos interpretar la casa como el lugar de la expresión de la intimidad compartida. La flor entreabierta y también el refugio, el nido, el rincón, la cabaña, el lugar del aislamiento.

La casa se ha vuelto clara, ahora es fácil entender su estructura organizativa y psíquica. Es una casa grande pero aspira a refugio. Y qué mejor manera para ello que emplear materiales de una paleta que llama a lo ancestral, sueños de primitivismo que van asociados al psiquismo del refugio. Ladrillo de tejar, tosco pero elegante, sin dos piezas iguales, sin superficies perfectas ni texturas pulidas. Teja romana áspera, a tono con el ladrillo. Celosías de madera, como en una clausura. Y cubrir todo ello a un agua, como reconociendo que la complejidad en planta no se puede complicar con una complejidad en sección que daría como resultado un volumen carente de calma. Antes al contrario, es la radical decisión de emplear un único plano inclinado la que permite que el corte de la planta con ese plano dé lugar al preciso delineado del volumen de la casa. Con sus accidentes y sus azares, que se asumen como un resultado necesario de los principios rectores del proyecto.

Falta ya solamente resolver el encuentro de la casa con la calle. Y es bien sabida cuál es la solución que Oíza propone (y que sus clientes, sorprendentemente, aceptan): "regalar" esa franja a la calle, habilitar un par de zonas para aparcar y convertir el resto de un jardín, parte con árboles, parte de grava, convirtiendo así en espacio de respeto lo que de otro modo hubiera sido, seguramente, un espacio muerto o un almacén espurio de cachivaches. Pero lo que no es tan sabido es cuánto de lejos llevó Oíza esa decisión, siendo capaz de que esta condición se reflejara incluso en la descripción catastral de la finca, en la que, como se puede comprobar, dicha franja de terreno no forma parte de la parcela. Se ha asegurado así el arquitecto que una solución de tan difícil sostenimiento a futuro fuera adecuadamente respetada.

Una última mirada a la casa, ya de salida: se emplaza respondiendo al sol, a la complejidad de un programa un tanto retorcido y a la voluntad de que ni una esquina del entorno quede como un residuo sin interés. Juego de entreluces (o entresombras), esa manera (convicción) de entrar bajando, a la penumbra. La casa como juego velado de transparencias. Cobijo, intensificado por la correspondencia vertical entre el nido de lo público (el salón rehundido) y el nido de lo privado (el dormitorio rincón). El espacio acotado del patio, donde la vida se da en calma, unos metros cuadrados en que toda la tierra es de uno, porque lo es el cielo y lo es la calma de la noche y el verde que tapiza el suelo y éste mismo, hasta el infierno. Los dormitorios abiertos al este para despertar con el sol de primera mañana: la alegría del despertar, del estar vivos, la casa como intérprete de esa emoción. Y como entre las ramas, también se abre al sol desde la umbría, lugar para mirar sin ser visto, celosía geométrica que replica el reverberar natural de las hojas. Es el hondo y profundo lugar donde todo exceso de tamaño rompe la magia y viola la intimidad.

Y como las grandes obras, está fuera de su tiempo, incluso del tiempo de su autor, quien parece replicar al Stephen Dedalus que tanto gustaba citar, limpiándose las uñas mientras la obra se hace. Sólo así se puede explicar la convivencia en el mismo tablero, en los mismos días, del preciso Banco de Bilbao y de esta rugosa casa. Resulta fascinante. Hay trazas comunes que hablan de obsesiones que trascienden la escala o el tono de cada proyecto. Como esa entrada en descenso, tan parecida en ambos casos, cada cual a su escala. O esa obsesión por construir la fachada a través de la complejidad de la relación con el sol, a través de la necesidad de establecer un umbral denso, una suma de pantallas reales o virtuales que permitan entender que un edificio necesita construir a su alrededor un aura que define un colchón de intimidad, de afección, de magnetismo.

Ladrillo y madera o acero no es sino la prueba evidente de la necesidad de traducción de unos mismos principios en función de la escala o el carácter de cada caso. Como un artesano, el arquitecto sabe que cada escala y cada uso requiere una distinta materia; pero que para toda herramienta la medida es la mano humana. Y que para todo edificio la medida es el ser humano. Banco o casa. Da igual. ¡El ser humano!

Una casa en Aravaca[9]

José Antonio Corrales nació en Madrid en 1921, y se graduó en la Escuela de Arquitectura de esta ciudad (entonces una de las dos únicas existentes en España, junto a la de Barcelona), en 1948, en un momento de gran escasez de profesionales y notables oportunidades de trabajo. Comenzó colaborando en el estudio de su tío Luis Gutiérrez Soto, uno de los arquitectos madrileños mejor situados profesionalmente, pero pronto renunció a la facilidad que dicha situación podría darle, y se decidió a trabajar por su cuenta. Poco después, en 1952, comenzaría la asociación profesional con un compañero de promoción, Ramón Vázquez Molezún, en lo que sería una pareja de arquitectos que duraría hasta la muerte de éste último más de cuarenta años después.

Casi siempre, por tanto, las notas bibliográficas se refieren a "Corrales y Molezún", que fueron durante décadas (desde la construcción del pabellón español en la feria internacional de Bruselas de 1958) un referente de la modernidad arquitectónica española, en un momento de líneas oficiales historicistas y de notable aislamiento cultural respecto al extranjero. A Corrales y Molezún, entre otros pocos, les debemos la construcción de compromiso arquitectónico con la modernidad, que dio lugar en España a una serie de obras especialmente interesantes desde una enriquecedora y madura heterodoxia, y sobre todo a una línea cultural que ha llenado de contenido la arquitectura española hasta nuestros días.

A pesar de dicha denominación, la colaboración de Corrales y Molezún fue notablemente atípica, pues siempre mantuvieron estudios independientes, y la producción de ambos alterna proyectos conjuntos e individuales, sin más reglas fijas que las circunstancias de cada encargo. Esta estructura abierta posibilitó también la colaboración de ambos con otros de los más destacados arquitectos de su generación, como Sáenz de Oíza, de la Sota, García de Paredes...

La actividad de Corrales ha sido siempre constante, con una incansable energía para la presentación a concursos (incluso hoy en día). Él mismo dice de sí que ha dedicado al trabajo en la arquitectura casi toda su vida, sacrificando otros aspectos de su vida personal. Por ello, no sorprende

---

[9] Artículo incluido en el libro *"One hundred houses for one hundred european architects"*, Taschen, primera edición, 2002; segunda edición, 2008.

Fotografía, Ángel Baltanás.

que cuando decide construir su casa en Aravaca, ésta contemple la agregación de vivienda y estudio.

José Antonio Corrales construyó su casa entre 1976 y 1977 en un área de residencias unifamiliares al noroeste de Madrid, separada del núcleo urbano por un gran vacío verde.

La casa posibilita la convivencia de un complejo programa de vivienda para una familia numerosa con el estudio del arquitecto, dentro de una poética de negación de la separación, de lo cerrado. El estudio, con posible entrada independiente, refleja en su diafanidad el banqueamiento de la casa, y se separa del resto de la casa por paneles móviles escamoteables, poniendo así de relieve no tanto la posibilidad de aislamiento como la posibilidad de fusión. Como resultado, la característica más sorprendente y valiosa de su espacio: las larguísimas visuales, la riqueza

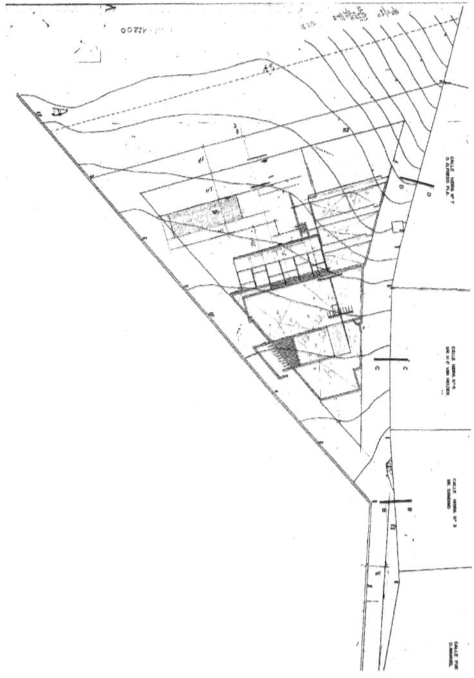

Planta de cubiertas.

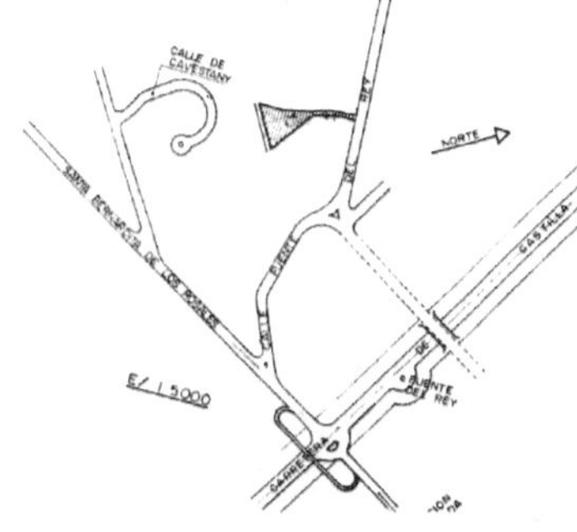

Plano de situación.

del espacio que, a través de ranuras, superposiciones de cotas y planos, de objetos y estancias, resulta siempre complejamente múltiple, inacabable, negación de un supuesto límite entre la contención y clausura del espacio privado y la imprevisibilidad del espacio público.

Tras su construcción, el arquitecto vivió allí durante unos años, pero más tarde quedó deshabitada (aunque no descuidada) por avatares de su vida; a pesar del carácter experimental y artesanal (inventivo) de muchas de sus propuestas, se conserva impecablemente tras sus primeros veinticinco años. Recientemente fue vendida a un familiar.

Se asienta la casa en una parcela de forma triangular, con pendiente y vistas hacia el sur, encajonada entre otras parcelas, y con acceso por su vértice superior, a través de un estrecho y largo "callejón" que le roba cuanto de "fachada" urbana pudiera tener (idónea situación y condición,

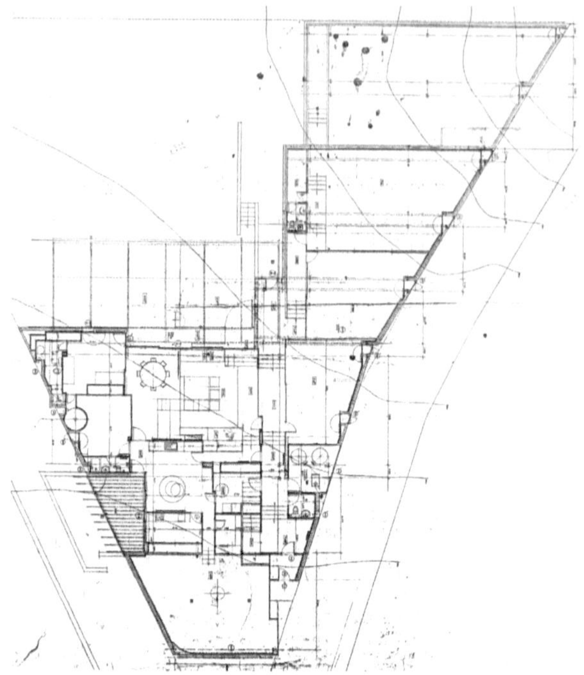

Planta baja.

de enclave oculto, que niega de raíz tantas tentaciones de figuratividad pública). Las ordenanzas obligan a una separación de al menos cinco metros, de cuya copia respetuosa se deriva dócilmente la huella de la casa. Estos espacios "obligados" cobran sentido como alternativas de entrada a la casa, como zonas de servicio o expansión, de tal modo que toda la parcela es entendida como un espacio a disposición, sin zonas muertas que no queden activadas por la propia casa. No es ésta un objeto "colocado en" un espacio, sino que es todo el conjunto una unidad entendida como tal desde la arquitectura.

Así, la casa se escalona plegándose a los dictados del terreno, refleja este movimiento en los quiebros de su cubierta, por donde la casa recibe el regalo de la luz y hace posible la sorprendente continuidad de su espacio interior. En su extremo sur, la casa se extiende hacia su jardín, más allá de sí misma, en un umbral profundo e indeterminado, en un um-

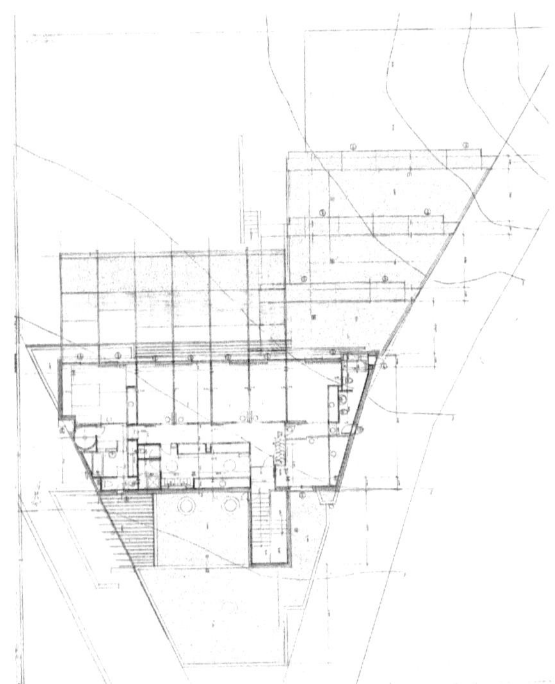

Planta primera.

bráculo que protege y gradúa la "exterioridad" de este espacio, que, una vez más, no es "lo que queda vacío", sino ese más allá de la misma casa, que, al dejar de ser objeto, se transforma en esa capacidad de adquirir e imantar el espacio a través de un cierto empleo de la materia... eso que llamamos arquitectura.

Y como en muchas de las mejores cimas, no es la casa receptáculo que luego se ha de "amueblar", ni se trata tampoco de ese camuflaje (tan valioso, sin embargo), en el que los "muebles" se funden en los paramentos y al tiempo que pierden su movilidad dicen integrarse con el edificio. No. Aquí el hecho arquitectónico entendido como una integridad de intenciones hace difícil la distinción entre categorías, y así, los escaños a medio camino entre el escalón y el asiento (pero que sirven de base a un sofá), que conforman ese núcleo deprimido en torno al cual se concentra el espacio social de reunión; estos mismos desniveles que protegen o

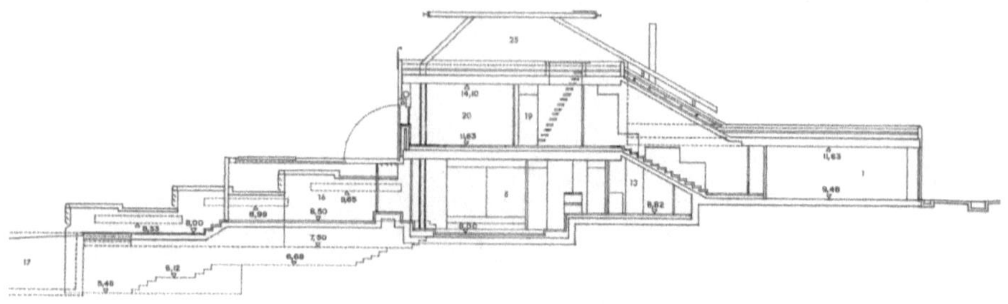

Sección longitudinal.

exponen, que matizan la relación de cada área con el exterior; la caja de la cocina, objeto naciente de ese mismo suelo y que se abre desde ese otro interior dentro del interior hacia el hogar central.

Cuando la casa quiere ascender a su planta superior (entrada a media altura, negando de raíz las dualidades cerradas), es el tablero de madera (okumen) que nos sirve de pavimento el que se pliega elevándose según la pauta de lo que por inercia denominamos "escalera", pero negando inmediatamente el corsé al desplegarse como límite ambiguo de esa planta superior, en espacios intermedios de conflictiva denominación.

O cuando necesita abrirse hacia los laterales (incómodos por la presencia del vecino, incomodado éste por nuestra presencia), lejos de recurrir a modelos más o menos sofisticados de "ventanas", se vale de otra pieza más de tablero contrachapado, con tan sólo el añadido de los mínimos herrajes que permitan su movimiento...

Hablamos por tanto de una construcción "física" (dos y dos no olvidan su materia, y siguen siendo cuatro), en seco, de perfiles metálicos, tableros atornillados en suelos y paramentos, tableros de encofrar móviles que protegerán del sol en espacios ambiguos, colores neutros (blanco, salmón, gris, que no pretenden imponer una idea ni una poética formal); hablamos, por tanto, de una invención permanente, de una puesta en duda de los términos (fachada, lindero, patio, ventana, parasol), por ello precisamente más auténticos que cuando, aprendidos, se siguen haciendo.

Que esta casa se construyera en esos años indica claramente cómo algunos arquitectos fueron capaces de no dejarse arrastrar por las terribles modas del momento, por la tremenda desorientación de aquellos tiempos. Corrales siempre ha seguido una línea de modernidad, entendida fundamentalmente desde el rigor constructivo, y la capacidad de encontrar posibilidades arquitectónicas a través de nuevos modos de manipular los materiales. En la memoria del proyecto no encontraremos sino descripciones materiales, enunciación de problemas y soluciones, presentación de hechos.

Ha sido poco publicada, casi solamente en monografías de su autor, y siempre con el problema de la dificultad de unas fotografías que retraten adecuadamente muchas de las cualidades aquí expuestas. Incluso el cabal entendimiento del espacio se hace difícil a través de los planos, que, tal como el espacio real, no saben distinguir de límites (o no quieren), porque la arquitectura se les escapa, siempre, más allá.

Quizá sea el plano de cubiertas el que mejor explique ese modo de hacer. De forma paralela a como se renuncia a "una escalera" o "una ventana", sino que se elige lúdicamente un pavimento que se pliega o un tablero que se mueve, Corrales renuncia a la construcción de un objeto sobre un paisaje, sino que, sin necesidad de recurrir a técnicas de ocultación o camaleonismo, opta por lanzar cabos que atan y construyen otra realidad.... como dirían A+PS, *the charged void: architecture*".

Lo común extraordinario[10]

La casa de Lucio Muñoz, en Torrelodones, presenta unas especiales características que son probable y simultáneamente la causa de su relativo olvido, pero también de su radical actualidad y capacidad de trascender a su época. La casa, proyectada en 1962, es totalmente coetánea de muchas de las míticas obras de los arquitectos de la primera modernidad española y apunta direcciones apenas intuidos por aquéllos, pero que luego también compartieron con entusiasmo, a pesar del polémico carácter e indefinible situación de Higueras: figura en tierra de nadie, nacido "tarde", en 1930, demasiado joven para los que comenzaron sus estudios antes de la Guerra Civil, pero de los mayores, por su precocidad, de los que los comenzaron después.

La casa resulta pionera en su actitud de estimación de las oportunidades constructivas que el producto de construcción regala en cuanto es visto como un regalo en sí mismo y no como una herramienta para conseguir otros fines. En el contexto de este Congreso, parece muy oportuno resaltar el paralelismo entre el empleo de Higueras de las viguetas pretensadas con el que haría años después Sota en el edificio de Correos del panel sándwich: aceptar un producto "de catálogo", meramente utilitario, para destacar, rescatar y descubrir (en suma, inventar), sus promesas de orden estético.

La construcción, elaborada a partir de la adición rabiosamente cruda de elementos prefabricados, habitualmente ocultos en el grosor constructivo, remite a un entendimiento puramente físico y aditivo de la construcción. Físico en el sentido sotiano (arquitectura "física" frente a arquitectura "química") y aditivo en el sentido dado por Utzon en sus célebres propuestas así tituladas.

Hay una imagen donde se ve a Higueras peligrosamente subido a unas vigas de la casa en estructura. Más allá del equilibrismo y del arrojo inconsciente de Higueras, deja al descubierto este sentido crudamente sincero de la construcción. Asunción de las posibilidades de elementos (vigueta prefabricada, viga pretensada) que hasta entonces no han sido valorados como instrumentos de expresión arquitectónica. Suma física de unidades de las que resulta la casa... No es casualidad que otra de las

[10] Octubre de 2014, inédito.

probablemente pocas casas que también ha sabido sacar partido de estos elementos constructivos sea Can Lis. Y como ésta de Higueras, la condición cotidiana de esas viguetas pasa desapercibida, pues el color, el ritmo, la repetición o la saturación visual manipulan la mirada y nos impiden ver la humildad del material, transmutándolo en materia de otro orden.

Pera en esa dialéctica de lo cotidiano, el empleo de piedra de musgo o la omnipresente cubierta a dos aguas (sobre contradictorios palomeros, que

hoy valoraríamos como excelente solución climática) es también la causa
de una notable extrañeza formal. Quizá en su momento interpretada como
desatino o incongruencia. Hoy seguramente interpretable como superación de dogmas y de enfrentamientos entre lo intelectual y lo vernáculo:
integración que hace actual esta obra por su autenticidad y desprejuicio,
sea cual fuere su forma y aspecto, sorprenda lo que sorprendiere.

¿Cuán alta debe ser una torre para ser torre?[11]

Las torres que amamos suelen ser modestos ejemplos de desafío de la gravedad, casi siempre lejos de los límites del material, del suelo o del entorno; sabemos que si dibujamos una comparación gráfica, casi todas las torres que nos admiran no llegan al rango de las auténticamente altas, quedan como humildes muestras de una voluntad de verticalidad muy lejos del *tour de force* estructural de las números uno.

Pero también sabemos que la belleza no es cuestión de números, ni la emoción arquitectónica se mide en toneladas ni escalafones; la persona que amamos no aparece en los dominicales como una de las más elegantes, ni recibe premios en certámenes de belleza ni es portada en las revistas como un modelo a imitar. Pero nosotros la imitamos y la seguimos, sabiéndola tabla de salvación frente a los vaivenes de un mundo que, a pesar de los años, nunca termina de encajar y ordenarse.

Uno circula por el mundo sorprendiéndose de que los mejores méritos no sean reconocidos universalmente, de que la injusticia parezca la norma y el desorden que todo lo confunde prevalezca sobre un mínimo orden que el conocimiento debería traer consigo. Da igual. A poco que uno haya leído, sabrá que así ha sido siempre y así seguirá siendo; que pretender a un tiempo fama y verdad es una quimera sólo posible cien años después de muertos, así que hay que construir no para el público de hoy (suponiendo que haya un público y no solamente un puñado de maestros frente a quienes no queremos desmerecer y cuya presencia nos alienta a esforzarnos), sino para el que dentro de ochenta años quiera ver en este presente un idílico tiempo de claridad y no esta batahola en que tan difícil es saber cuál es lo verdadero y más difícil aún hacerlo ver a quien le interese. Así pues, como deseaba Stendhal, alguien dentro de ochenta años (o dentro de cuarenta, con eso bastará), descubrirá, como hoy nosotros, que la arquitectura que cuenta verdad no tiene tiempo y resiste contando relatos sinceros que siguen siendo lecciones para quien tenga la humildad de querer aprender.

Puede que sólo haya que hacerse preguntas para que las respuestas, implícitas en ellas, orienten el camino y nos hagan distinguir una arquitectura valiosa por contraste, por afirmación o por revelación. Casi

[11] Sin Marca, n° 4, 2008. Publicado bajo seudónimo, según las normas de esa revista.

siempre la mejor arquitectura nos cuenta que sí se podía hacer aquello
que todos los expertos nos dicen que no se puede... o quizá que no se
debe, en nombre de técnicas de aprovechamiento espacial y rentabilidad
inmobiliaria que, perdidas en su propio autismo, olvidan acaso las tres o
cuatro condiciones necesarias para que la arquitectura lo sea.

Cuatro preguntas van a bastar para marcar diferencias.

¿Por qué hoy no hay ventanas que se puedan abrir? Si es cierto que a
trescientos metros de altura conviene no hacerlo y acaso las deforma-
ciones lo complicaran, al menos podría estudiarse el problema localmen-
te; nada más patético que una primera planta de una torre de oficinas
cuyas ventanas no se pueden abrir porque la ley del piso cien se ha
impuesto a toda la torre. Y cuando el piso cien no existe, la ley ha quedado... como si lo elegante fuera controlarlo todo in vitro, no sea que entre
el aire y con él se vayan los bacilos de la alienación.

¿Por qué se nos ha olvidado que la fachada es un interfaz, cuanto más
denso mejor? Claro que la arquitectura es frágil, tanto más frágil cuanto
más delicada, hasta el punto de que lo más sutil que construyamos en
un edificio, sabremos que será lo primero en caer, por lo mismo que las
flores se marchitan pero los cactus no.

¿Por qué la sombra arrojada por un retal de tela convierte en humano
cualquier rincón? Algo hay de placer básico en la sombra, que convierte
todo umbráculo en lugar de reposo y de ensoñación; acaso sea insurrec-
ción la creación de ese lugar de placer en el espacio del rendimiento,
acaso sea entender que solamente recreando un lugar fresco y en sombra se hace posible el trabajo creativo. Y algo hay de extremadamente
frágil (y volvemos a lo anterior) en esos retales de tela delicadamente
tensados, que antes hablaran de una casa que de un lugar de trabajo...
o mejor aún, que antes hablan de un lugar en el que de verdad apetece
trabajar, con una cocacola bien fría a mano y el ruido de la ciudad ahí
fuera, amortiguado, marcando así las distancias entre un aquí placentero
y un allí ruidoso. Y pareciera iluso pensar así de un centro de trabajo de
una multinacional, por muy comprometida con la calidad que fuera, más
en esos años, pero cuando la arquitectura entiende de lo que tiene que
entender y no de lo que se supone que tiene que entender, entonces la
sombra, el ruido, la brisa, incluso la cocacola bien fría, son su materia de
trabajo, aun cuando sea en una torre de una multinacional...

¿Cuánto de alta tiene que ser una torre para ser torre? ¿Es lo mismo una torre que un rascacielos? ¿Qué define su carácter, la altura o la esbeltez? ¿Y si ni una cosa ni otra, sino el carácter? Hablamos de un ensayo, de una torre iniciada que podría ser mucho más alta, que contiene todos los detonantes para serlo y ha quedado anclada en una imagen fija provisional; el fuste continúa, la base piramidal a cuarenta y cinco grados (eficiencia máxima de las bielas) podría recoger, a ojos vista, muchas más plantas, éstas se apilan ¡y son sólo siete!, la jaula exterior continúa una planta más y rompe los límites por arriba igual que lo hace por los frentes... y poner más plantas es sólo cuestión de voluntad, de imaginación o de dinero, pero... ¿para qué, si ya tenemos una torre?

La sobriedad del viajero[12]

Es ya un tópico que para introducir a una serie de obras de arquitectura
que cristalizaron en un momento histórico reciente de España, se aluda
a la concreta circunstancia de intensa modernización estructural que
supusieron la Exposición Universal de Sevilla y las Olimpiadas de Barcelona, ambas en 1992. Pero no debemos olvidar que tales acontecimientos
únicamente suponen el marco motriz de unas iniciativas, para las que
por sí mismos no pueden garantizar, ni por tanto ser utilizados para
explicar, calidad arquitectónica alguna.

La Estación de Santa Justa de Sevilla se construyó en tal tesitura. Han
pasado ya diez años desde el término de aquellos esfuerzos, muchos de
ellos echados en saco roto, en un tiempo histórico demasiado cercano
como para entender la lejanía que en la conciencia colectiva suponen.
Diez años no es nada en la historia, tampoco en la historia de la arquitectura, pero sí son los suficientes para que muchos fuegos de artificio
que en su momento ocuparon páginas y páginas de laudatoria publicidad
se hayan esfumado del panorama crítico de la arquitectura española. En
el caso de la estación de Santa Justa, este tiempo no ha supuesto mella
alguna en su aprecio; más allá de la indudable ganancia patrimonial que
para la ciudad de Sevilla supuso la infraestructura de que es símbolo y
signo evidente, la estación puede ser hoy vista en la contextualización
pura del juicio arquitectónico, lejos de la hojarasca del momento.

Diez años que quizá sean el mínimo purgatorio que podemos exigir a la
arquitectura para ser capaz de continuar exhibiendo sus virtudes, y podamos entonces hablar de ellas sin la presión de la actualidad, lejos por
tanto de posiciones deformadas y fundamentalmente acríticas.

Desde una mirada sobria y antisentimental, una estación de ferrocarril
es sencillamente una gran explanada a cubierto, un lugar de tránsito
(un intermedio con la ciudad, nunca un objetivo), de apuros, de angustias del tiempo, que reclaman la claridad diáfana del espacio. Si tantas
veces y tanto se ha hablado de la idea del contenedor para referirse a los
espacios de exposición, no es menos cierto que es idea aplicable a toda
estación, poco más en cuanto a necesidades reales que un gran techo

[12] Inédito, mayo de 2002. Se escribió para un número de la Revista de Occidente dedicado
a la arquitectura reciente española, que nunca llegó a publicarse.

desplegado sobre la playa de vías (curiosa imagen acuñada de antiguo). Una trama de puntos que se imbrica con un manojo de líneas.

Si quisiéramos parametrizar el trabajo de decidir lo fundamental de una estación, hablaríamos de una dirección, un número de vías, una longitud de los trenes... Poco más. (Y luego, claro está, las oficinas, en su caso el hotel, los puestos de venta de todo tipo de productos, y, en resumen, el futuro parque temático que más tarde o más temprano se integrará en cualquier parte... . Pero todo esto son en el proyecto los añadidos, los que juegan con ese vacío protagonista, y lo abrazan, o lo cubren, o lo parapetan)

Si atendemos a la sección longitudinal de la estación, quizá el documento más representativo, ésta parece expresar a través de su dinamismo contenido el brusco frenazo de ese rodar feroz que nos llevará a las puertas de la ciudad. Muy didácticamente podemos leer una triple

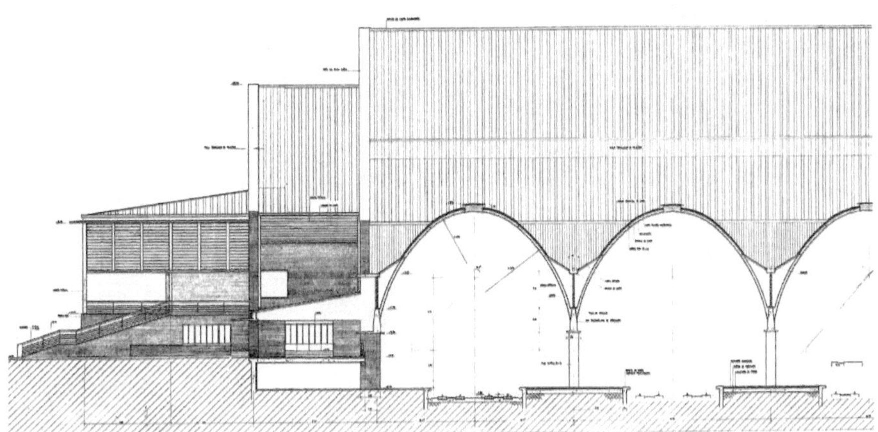

concatenación de espacios según una triple escala graduada, desde el vestíbulo abierto a la ciudad (visera en vuelo que se adelanta a cubrir su umbral y disolver la concreción de la puerta, y que inteligentemente renuncia a la fácil tentación de la simetría), al vestíbulo intermedio, salón de pasos perdidos desde donde se controla la presencia de vías y trenes, y finalmente a las seis naves donde esperarán / llegarán los trenes.

Tres espacios de escala sucesivamente creciente, pero siempre contenida, en que en ningún momento vemos un alarde innecesario, ni estructural ni constructivo. Las cosas parecen resolverse con calma, y ni las grandes y necesarias cerchas metálicas se pretenden figurativas (y de hecho se ocultan en su imagen y en su esfuerzo), ni el dominante ladrillo es otra cosa que el necesario y sólido material de cierre, ni las planchas grecadas de acero del techo toman más presencia que la de un neutro plano, meramente necesario.

El único efecto (y llamo la atención sobre el término) es el curioso frente
de arcos parabólicos que se dibujan por fuerza en la cabecera de las
líneas (y que son la imagen habitual de las publicaciones), que vienen
sencillamente de la intersección entre dos figuras geométricas: la con-
tracatenaria con que se cubren las vías y el plano del techo que marca
la transición hacia el vestíbulo, que por su inclinación acentúa la proporción vertical de las parábolas resultantes.

El viajero que no ande atento ni sensible a la arquitectura encontrará un
espacio neutro, ambiguo en su carácter de interior exterior (ladrillo visto,
fachada cuasi urbana al espacio interior, cuidado hormigón claro de las
pasarelas y pilones, sólido pavimento pétreo que niega su dibujo), que
posiblemente "no le llame la atención", pero le guiará estupendamente
en un ritual de llegada (en cualquiera de los dos sentidos) sorprendentemente sencillo, claro y directo: en menos de un minuto estará disponién-
dose a tomar un taxi a la puerta misma de la estación, o llegará corriendo, si el tiempo le falta, a tomar su tren, sin que el edificio suponga para
él el más mínimo contratiempo, la menor desorientación o duda. La

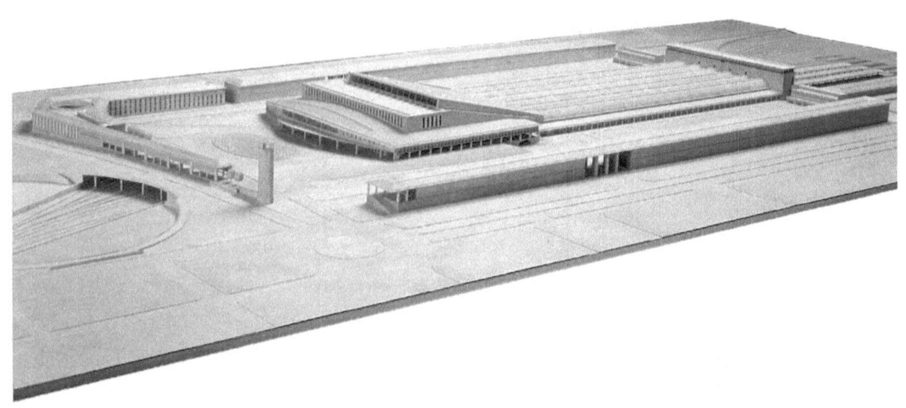

estación entera no es para él más que un sencillo puente sobre las vías. Fuera aspavientos, fuera exhibiciones.

El viajero que llega avisado, el que sabe leer y entender la arquitectura, quedará reconfortado por ese silencio arquitectónico, profundamente alegre de ser recibido con esa dignidad que Santa Justa le regala. Verá que, una vez más, apenas tres o cuatro cosas son necesarias para llegar a una arquitectura de calidad. La luz, siempre la luz, que baña con sencillez y un punto de irrealidad los espacios de la estación; el claro entendimiento de una necesidad, con la eliminación de todas las adherencias de la mitología novelera; la adecuación, con dos o tres materiales apenas, de la construcción a la arquitectura...

El arquitecto, que sabe de las dificultades de toda obra, de la resistencia de las cosas a ser diáfanamente sencillas, de los esfuerzos de la estructura que tanto tientan al emborronamiento y la complicación, mirará la estación en torno a él identificando problemas derrotados, verá pórticos, vigas y losas, pero en su imaginación, porque lo que sus ojos le harán ver serán claros esquemas sin esfuerzos expresados; verá la luz, la magnífica luz que solidifica, sencillamente, el espacio, y pensará en encuentros, juntas, humedades... que él también quisiera vencer tan sin esfuerzos; en la diferencia de niveles entenderá dos mundos que se encuentran y que limpiamente se entrecruzan...

En realidad, la estación nunca se acabó. Inserta en un entorno urbano vacío en su momento, sin carácter, proponía la construcción de su propio entorno mediante dos brazos nunca ejecutados que cerraban el espacio en torno, inventando una plaza donde no había nada. Más allá de ésta, un círculo ligeramente deprimido simulaba una horadación sobre la superficie de la ciudad, en la que asomaban los mecanismos rotatorios para el cambio de sentido de los trenes, haciendo patente a la ciudad ese mundo subterráneo y paralelo en perpetuo movimiento... No se hizo. Quizá la estación esté mejor así. Los usos propuestos en esos brazos no contaminaron nunca el edificio construido, y nadie parece echarlos en falta, desaparecieron sin daños. El campanile sólo construido en la maqueta, el trasluz de las vías desveladas, representaban las dos tentaciones opuestas de las que la estación de Santa Justa ha logrado huir con éxito: el romanticismo novelero de la despedida en la estación, el mecanicismo no menos novelero de la máquina, ambos tan decimonónicos, tan gastados.

Hoy, la estación se yergue desnuda frente a un área de la ciudad que nunca se ha terminado de saber construir, tan falta de carácter como antes estuvo. El afán de los arquitectos de la estación por crear su referente (y que suele caracterizar a las mejores obras, incapaces de ceñirse a sus límites físicos, siempre queriendo escaparse y contaminar de sí lo circundante) no es sino la crítica a una crisis de nuestra capacidad de hacer ciudad. Hoy, solitaria, Santa Justa nos interroga desde su inmensa explanada, y nos recuerda, una vez más, que la ciudad se hace con la arquitectura, y sólo, en definitiva, con arquitectura.

II

OBSESIONES Y QUERENCIAS

Recojo en esta segunda parte otros artículos que tienen en común el haber nacido de ciertas obsesiones o afinidades y querencias que, de un modo u otro, han ido marcando mi trayectoria profesional y docente.

Hablo así del papel de la ingeniería en la arquitectura, que me parece insuficientemente calibrado, sobre todo en la etapa fundacional de la arquitectura moderna. De ciertas perplejidades surgidas del choque entre el pensamiento y la realidad de la actividad profesional. De experiencias concretas vividas como testigo y sólo en segunda instancia como protagonista.

Cierro el libro con una entrevista que tuve el privilegio de poder hacer a Miguel Fisac y que fue publicada en un anuario de la ETSAM, que por su carácter tuvo poca difusión y es ésta una ocasión para darle nueva vida. En su momento, retirado en su casa a las afueras de Madrid, señalaba la entonces linde de la ciudad advirtiendo de la barbaridad de crecimiento que iba a sufrir, que la llevaría hasta las puertas de su casa, situada en medio del campo. Aquello parecía imposible. Hoy, la casa ya no está más en el campo sino metida de lleno en ese crecimiento que entonces se hacía inverosímil. Cerrar el libro con este texto es un modo de recordarme que veinte años son muchos y que en cierto modo aquel tiempo era tan distinto de éste, que parece a ratos un pasado muy lejano. Conviene tenerlo en cuenta.

Comparaciones odiosas[13]

Ahí le tienen delante de las tremendas cadenas de amarre del primer buque de acero propulsado por hélices de la historia, obra suya.

Una estrafalaria vestimenta, de levita y sombrero de copa, que lo es menos si sabemos que es propio de la época; el reloj que cuelga descuidadamente, botines y perneras manchadas de barro. De la obra, claro.

Cuarenta puros al día, decían las malas lenguas; cuatro horas de sueño diarios; el resto, trabajo. Y trabajo. Y trabajo.

Ingeniero.

Inglés. De una Inglaterra en la que "engineer" viene de "motor" y no de "ingenio", como en castellano, que a fuerza de mucho ingenio ha dado pocos motores en su historia. En una Inglaterra cuyos ingenieros no son el fruto de elitistas escuelas continentales al modelo francés ("caballeros" llamados a ser una elite de una sociedad que se "inventa" su profesión por una necesidad política), sino fruto de un sistema liberal, gremial y apenas reglado (mecánicos hábiles aficionados a jugar con los límites, como todo lo que realmente vale la pena).

La historia del puente de Clifton, sobre el Avon, en Bristol, está escrita y sólo hay que buscarla. No es éste el lugar de contarla (bastan cuatro datos para poner en situación). Pero es una buena excusa para pensar en cuánto extraviamos nuestro camino hace ya tanto tiempo, cuánto aún no fuimos capaces de restañar.

Tras muchos años dando vueltas a la necesidad de construir un puente que superara el cañón formado por el río Avon a las afueras de Bristol, en 1829 se convocó un concurso. Se había llegado a la conclusión de que no había fondos para construirlo de piedra, así que parecía necesario arriesgar con el acero. El jurado unipersonal rechazó todas las propuestas y pretendió convencer de que la única vía sería construir un diseño suyo, cuya luz no superara lo que suponía límite para una construcción de acero. Escándalo, nuevo concurso al año siguiente. Y ahora gana Marc Isambard Brunel.

Por cierto, ese Brunel es el caballero de la imagen. Nacido en 1806, sólo tenía 24 años en 1830.

[13] Sin Marca, n°5; octubre 2010; pp.24-26. Publicado bajo seudónimo, según las normas de esa revista.

Hoy nadie hubiera confiado en él. Ni siquiera se le habría dejado participar. Pero eran tiempos heroicos. Como lo son todas las infancias de una técnica.

En 1777 se había construido el primer puente de acero de la historia, gracias al empeño de otro loco que llevó su locura hasta el punto de hacerse enterrar en un ataúd de fundición.

Sí, la técnica está llena de locos. Benditos locos. Ya llegarán otros más razonables que se encarguen de castrar el futuro renegando de la inexperiencia, que no es sino la única manera de hacer lo insospechado.

Estamos por tanto cincuenta y tres años más tarde. ¿Es mucho? Bueno, vuelvan ustedes cincuenta y tres años atrás desde el día de hoy: 1957. A efectos de construcción, es aún hoy, no ha habido revoluciones. Como entonces 1777 aún era hoy, pero significaba más: la revolución estaba en marcha.

1793, William Bridges, propuesta para el puente de Bristol sobre el Avon.

Pero no hace falta darle vueltas a cómo es el diseño de Brunel. Basta con teclear el nombre del puente en la red para verlo.

Mejor ser un poco perversos: no hay como cotejar dos imágenes para centrar la cuestión.

1793. William Bridges. Propuesta para la construcción del puente. Vean la imagen: establos, mercados, tabernas, carbonerías, viviendas, escuelas, una capilla... Creo que eso se llamaría hoy un "mixed use", ¿no? Es más, hoy se hubiera pensado en que las viviendas pagaran la construcción (¿les suena?) y la idea habría entusiasmado a nivel político. Pero todo eso es problema de gestión. La puñalada viene con el arco de triunfo, con ese galeón que para entrar a Bristol cruza bajo las armas que corresponderán seguramente a la corona de Inglaterra o a algún barón digno de rendírsele pleitesía (no basta con el pago del portazgo, es más importante lo simbólico que lo económico).

El puente ya no es puente. Ya no es deseo de cruzar. Deseo de no dar un rodeo de millas. Deseo de volar.

Es una representación de un sistema de poder, de un sistema de belleza, de un sistema de construcción arcaico... es el sueño del arquitecto.

¿Se han situado?

Bien. Es el momento de mirar la propuesta de Brunel. Casi sobran las palabras, ¿verdad?

El cotejo siembra dudas. Acerca de lo que somos. De lo que queremos ser. Vamos bien.

Hubo un momento en la historia en que se dio un salto de ésos que no tienen vuelta atrás. Los arquitectos truncaron el salto con sus dilemas estéticos y quedaron lejos del discurso de la técnica. Demasiado caballeros, demasiado intelectuales, demasiado estetas para reconocer la marcha de los tiempos. Demasiado preocupados en discutir cuál era el signo de su tiempo mientras se negaban a vivirlo y por tanto no sabían cuál era. Hubiera bastado con seguir la corriente, pero era más fácil recusar la técnica u ocultarla bajo paletadas de "estética" para hacerla digerible. Otros no pretendieron siquiera hacerla digerible. La deglutieron. Y con ella, a nosotros.

¿De quién querer sentirse nietos?

Y sin embargo estamos tan lejos...

Tanto que nos acaban de robar lo que tal vez fuimos siempre, lo que tal vez hayamos de ser para no caer en las mismas garras de la obsolescencia: ingenieros dedicados a la edificación. Pero... ¡ah, sí!: también eso nos lo robaron. Hace nada. Y tan felices.

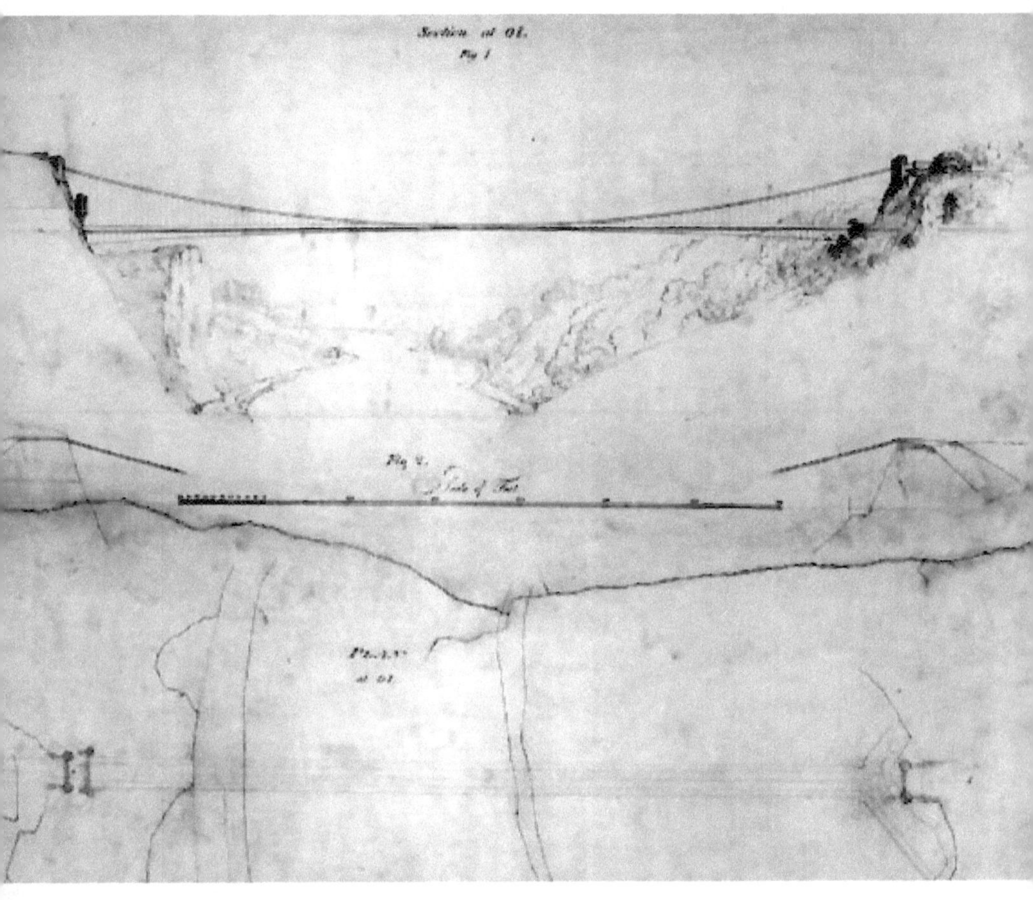

1829. Propuesta ganadora de Brunel.

Mundos paralelos[14]

La actividad creativa (me resisto a llamarla artística, tengo la sensación
de que ésa es una categoría que se alcanza, pero no se ejerce, no se puede ejercer) supone el contacto del yo con su mejor cara. Supone, además
y sobre todo, el contacto con el mejor mundo posible, aquél en que esa
actividad tiene lugar y sentido.

La abstracción del entorno cercano que construye la mente creativa se
convierte en su motor para ejercer una libertad básica: la de hacer lo que
se considera que debe ser hecho. Por encima de circunstancias, de com-
plicaciones y obstáculos, la actitud creativa supone el encuentro con la
parte más luminosa del mundo, aquélla en que todas las piezas encajan,
en que la expresión de la voluntad no es sino el discurso de la construcción de un mundo armónico.

Estas obras invitan a un camino por esas sendas de lo necesario. Se
trata de articular de nuevo el pensamiento con palabras de siempre: serenidad, armonía, fuerza... Instrumentos todos ellos capaces de traernos
retazos de orden al mundo caótico, inevitable entrópico en que nos mo-
vemos, en que consiste la realidad. El artista se enfrenta al incorregible
vector de desorden de la naturaleza y asume para sí la responsabilidad
de tomar el relevo de entre quienes, pocos pero valiosos, entendieron
que se puede mantener en vilo la querencia por la belleza. Labor que
sólo desde fuera puede ser considerada ingrata, pues es de las pocas
actividades cuyo mero ejercicio es ya recompensa suficiente, a pesar del
permanente y eterno riesgo de catástrofe. Fue Edmund Burke quien sen-
tenció de modo luminosamente claro que *"para que triunfe el mal, sólo es
necesario que los hombres buenos no hagan nada"*; pues bien, del mismo
modo, para que triunfe el caos sólo es necesario que los amantes de la
verdad no hagan nada. Lo que visto desde otro enfoque complementario
supone una carga devastadora y extenuante para quien, habiendo reconocido la armonía del mundo, se siente adalid de su mantenimiento y por
tanto obligado a la contribución por su causa.

Precisamente desde esa perspectiva toma especial fuerza el planteamiento que se realiza para esta exposición: su *"Vollmond"* o "luna llena"

---

[14] Sobre la obra pictórica del artista Miguel Ángel de Villota, con ocasión de la exposición celebrada en el Antiguo Hospital de Santa María la Rica, de Alcalá de Henares, de
título "Vollmond". Publicado en el catálogo "Villotaf - WERE", 2015.

es el reverso de las horas planas del día a día, es la explosión de la calma
que regala el ver el mundo desde el otro lado, relativizando sus destellos
en la profunda intensidad de las horas que Unamuno denominaría "cúbicas", por oposición a las meramente lineales, sin cuerpo ni volumen. Es
la creación de un mundo del que estas obras son un testigo o un indicio.

Obras que hablan de una insistente introspección en busca de armonías,
equilibrios y desequilibrios, referencias al mundo real en plena profundidad de la interrogación por el equilibrio de la forma y el color (matrículas,
tan banales y cotidianas, tan especiales cuando se trasfiguran en una
suerte de código secreto de obra en obra). Contraste explosivo de contrarios que se citan en el soporte creativo para mostrar no conflicto, sino
superación de disonancias a través de la elevación a un plano de realidad diferente. Contemplar estas obras es sentir el fluir de esa corriente
de tranquilidad que podría dar lugar a un mundo en que esta introspección sobre el arte no fuera un lujo, sino el tranquilo transcurrir de cada
día. Suficiente para la ambición de toda una vida.

El tiempo de la belleza[15]

Aislarse a hablar de la belleza viene a ser una sofisticada manera de aislarse del tiempo y de nuestro tiempo. Algunos libros nos extraen del tiempo. Algunos edificios. Alguna música. Y algunas conversaciones.

Reunirse para hablar de la belleza tiene algo de revolucionario. De soltarse del yugo del hoy y vagar libremente sin tiempo por un mundo interior compartido.

Repetimos mil veces desde hace casi un siglo que la arquitectura debe ser expresión de su tiempo. Tengo para mí que sólo es valiosa la que no es expresión de su tiempo, sino la que se olvida de él para gozar con la imaginación de un otro tiempo y un otro lugar. Otros tiempos y lugares que entran en resonancia con los imaginados por otros antes y después de nosotros. Fuera del tiempo.

No sé qué es la belleza. Tampoco sé lo que es el tiempo. Claro que lo sé, pero no lo sé, en el sentido de que lo sé perfectamente, hasta que intento explicarlo.

Así que tenemos que asumir que nos reunimos en otro tiempo y en otro lugar para hablar de algo que no sabemos explicar.

Estarán conmigo en que el plan promete.

Y promete sobre todo una introspección compartida, un alejamiento y una felicidad.

Lo que me hace recordar la más bella definición de belleza que leí nunca: "una promesa de felicidad".

Es de Stendhal.

Piénsenlo.

Recuerden los lugares en que han percibido la belleza y les vendrá una sonrisa. Una sensación de plenitud. Una promesa.

Cada día estoy más convencido de que la belleza es una actitud.

Y de que hay que buscarla como respuesta radical, contestación a un mundo en que no cuenta... hasta que se encuentra.

---

[15] Artículo derivado de la participación como ponente en el IV Congreso Internacional Ultzama, "Los dos tiempos de la Belleza", Navarra 2013, actas editadas por la Universidad de Navarra, 2015.

Aconsejo la lectura de un breve ensayo de Unamuno: "¡Adentro!" y la visión de una película reciente de Woody Alen: "Midnight in Paris" . Son complementarios desde su lejanía: aislarse a hablar de universo. Y al universo. Y no creer nunca que hoy no es el momento propicio para hacer algo valioso.

Y hablar con los muertos como lo hacía Quevedo (*"Retirado en la paz de estos desiertos, con pocos, pero doctos libros juntos, vivo en conversación con los difuntos, y escucho con mis ojos a los muertos"*) en su torre biblioteca (real o imaginada, poco importa). Y a través de ellos hablar con los futuros compañeros en que nos reconoceremos y que en nosotros se reconocerán.

Saber que hay un hoy que es un siempre y que el tráfago de la vida es una máscara y a ratos una herramienta, pero que hay que zafarse.

Que somos actores ante los demás, ante el mundo, y que la lucha tan fuerte que entablamos es sólo para proteger esa belleza en que creemos y que hemos de dejar crecer a salvo de todos los males del mundo, que son tantos.

Hablaremos a cada cual de lo que quiera o necesite escuchar, pero de lo que de verdad importa nos cuidaremos muy mucho de hablar a nadie, fuera de unos pocos.

El tiempo de la belleza es cualquiera, porque hablamos a la constelación de nuestros maestros y a la vanguardia de nuestros discípulos, que también serán maestros en la comunidad del mundo.

El tempo de la belleza es el no lugar, es el no tiempo, son las horas cúbicas hechas de segundos al cubo, igual que el espacio se mide en tres dimensiones.

La belleza es frágil y resistente al tiempo, frágil porque es muy fácil dañarla y le hieren más los estúpidos que los malvados (porque éstos no saben verla y a veces eso lo hace invisible e inmune). Pero es resistente porque siempre llegará quien, apreciándola, la descubra, la muestre y la recupere, aun cuando sea en la memoria de lo que fue.

No nos fiemos de los discursos: quien alaba la belleza perdida sería el primero en matarla, del mismo modo que crucificaríamos de nuevo a Cristo si volviera, porque la ceguera no tiene límites y así está escrito.

Pongamos a prueba la capacidad de encontrar la belleza y sólo después aceptemos los discursos.

Y aprendamos que la belleza no es sólo física, ni siquiera simbólica, sino que hay belleza, y vuelvo a Stendhal, en todo aquello que nos promete la felicidad de vivir: en el frío helado que nos eriza la piel, en el calor que abrasa, en el huracán que nos lleva y en el tiempo que pasa sin hacer más daño del habitual.

Pasado el tiempo de ser eficaces, de ser productivos, de hacer muchas cosas, llega la ocasión de contestar desde los márgenes siendo fieles a una sencilla fe: que las cosas que merecen la pena son calladas, las aprecian pocos, no podemos esperar el aplauso, pero, hechas con fe, un día iluminarán el mundo, incluso si no quedase rastro de ellas.

Es un credo que nada me asegura que sea cierto, salvo el diálogo con los muertos.

Pero me vale para reverdecer incesantemente la ilusión.

Experimentación en la edad del miedo[16]

La sociedad nos pide, en progresión acelerada, que nuestros edificios cumplan ciertas prestaciones cada vez más exigentes y absurdas, como si fueran productos industrializados. Y nos exige que las cumplan desde el primer día, considerando que si algo no funciona no es error sino mala fe. Es una sociedad miedosa, que no se fía del que arriesga, aunque presuma de lo contrario. Lo de ser un amateur está cada vez más complicado. Lo de ser un inventor, ni hablar de ello. Pero han olvidado que un arquitecto construye PROTOTIPOS.

Lo que quiere decir que construye artefactos que no funcionarán de primeras. NUNCA. El agua entrará por algún sitio, algo quebrará, las puertas no cerrarán bien, las calorías huirán por puentes y autopistas y las instalaciones tardarán en calentar o no llegarán a refrigerar, o ambas desgracias a la vez.

Y lo peor es que no hay manera de evitarlo. Da igual el sistema constructivo, la pericia, los sellos de calidad o los certificados de conformidad. Los pondremos todo junto en esa complejísima máquina que es un edificio y, si el edificio tiene al menos un hálito de alma, al arrancarlo... ¡NO FUNCIONARÁ!

Hubo un tiempo en que las vanguardias arquitectónicas miraron a los automóviles para hacer paralelismos. Bien, hagámoslo una vez más: los fabricantes invierten miles de millones en el desarrollo de un nuevo modelo, para el que suelen usar motores que ya conocen, cajas de cambios de otros modelos anteriores, componentes compartidos... Primero montan un modelo estático que enseñan a la prensa y los aficionados a ver por dónde respiran. Varios millones de euros después, montan una "mula", es decir, un modelo antiguo con componentes nuevos. Otros varios millones de euros más tarde, construyen un primer prototipo global que, invariablemente, NO FUNCIONA: vuelca, rompe, desliza, derrapa, explota. Unos cuantos prototipos más evolucionados rodarán kilómetros y kilómetros; de ahí saldrán dos o tres generaciones más de ensayos que serán probados en condiciones extremas y sólo más tarde, varios millones (de euros) más tarde, se hará una pre-serie. Aún a nadie se le ocurrirá venderlos. Seguirán las pruebas y pasado un tiempo la cosa

[16] Sin Marca, n°6; julio 2013; pp.14-19. Publicado bajo seudónimo, según las normas de esa revista.

estará madura para preparar, por fin, la salida al mercado del modelo. Y aun con todo, los aficionados sabemos que nunca, bajo ningún concepto, hay que comprar una unidad de ésas primeras, porque son problemáticas y a menudo no funcionan del todo.

Pues bien, nosotros los arquitectos, insensatamente, sin miedo, nos lanzamos a construir algo equivalente a... sí, a aquel primer prototipo, con muy pocos euros y mucha irresponsabilidad. ¡Construimos nada menos que aquel PRIMER PROTOTIPO! Y la sociedad nos pide... ¡NO! ¡¡¡NOS EXIGE QUE FUNCIONE!!!

De locos.

Todo bajo control[17]

"Si en carrera lo tienes todo bajo control, es que no vas al límite"
Ayrton Senna

Estoy persuadido por experiencia de que la mayor parte de las contrataciones de arquitectura no se organizan bien por una mera suma de pequeños detalles, que aúnan un poco de pereza, un mucho de desconocimiento y un cierto temor inconcreto a los arquitectos, a los que no se entiende en cuanto pretendemos alcanzar con nuestro trabajo una dimensión cultural. Dan miedo. Damos miedo.

Miedo, sí. Porque es mejor seguir haciendo las cosas como siempre, aunque sea mal, pero sin novedades que puedan obligar a pensar. Y así nos acostumbramos a vivir en un mundo mediocre donde puede que pocas cosas sean problemáticas, pero nada causa placer.

Es el mundo gris de quien teniendo en sus manos la promoción de una arquitectura que nos haga mejores, prefiere seguir cómodamente haciendo la misma mediocridad de siempre; total, no da problemas, aunque el mundo empeore, pero eso, ¿quién lo ve?

Otros demandamos algo muy sencillo: la oportunidad de pensar sobre un problema y presentar el resultado de nuestras preguntas. No garantiza el mejor resultado, pero sí garantiza un resultado mejor que el producto de la rutina. Que no es poco.

Pero no quiero escribir aquí sobre la gestión de concursos, ya lo he hecho demasiadas veces y sólo la experiencia debe bastar para acreditar razones a su favor.

Quiero escribir de la maravillosa puerta a la sorpresa que en potencia se abre detrás de cada concurso. De su poder para proyectar lo inesperado. En primer lugar, para quien concursa.

Todo concurso es antes que nada una gran promesa; todo es posible y con sólo leer su título hay algo indefinible que nos permite imaginar cualquier maravilla.

[17] Artículo contenido dentro del libro "Paisajes Domésticos/Domestic Landscapes: 5688 paisajes domésticos : taxonomía de procedimientos urbanos en el ámbito del concurso viva"; volumen 1, "418 Carral+Utiel : cultivos de ciudad = city crops", SEPES - Ministerio de Vivienda, 2009.

Y un aroma.

Hay concursos que huelen a madera, a hormigón, a verde, a agua... concursos que huelen a azul o a rojo, a horizontal o a vertical.

Los dados están lanzados.

Y parecería que todas las respuestas transitarán por un camino dado... todos tienden a imaginar algo, lo más lógico, dentro de los parámetros de lo previsible.

Pero siempre hay sorpresas. Por ejemplo, que al lanzarlos no sumen de dos a doce, sino quince, no se sabe cómo.

Mirémoslo desde el otro lado. Porque no todo está bajo control. Gracias a dios.

El riesgo es inherente al concursante. Proyectas sabiendo que te lanzas a una apuesta. Lo más probable es que nunca vayas a tener que construir aquello, pero es permanente la ilusión por hacerlo. Vas más allá de donde has ido nunca antes y la mente puede volar todo lo que se quiera... al fin y al cabo, qué poca probabilidad hay.

Por eso mismo puede ser tan importante para un arquitecto un concurso no ganado (lo siento, me resisto a decir perdido) como un edificio construido. Los concursos no ganados quedan ahí como experiencias de tentativa de límites, como experimentos puramente arquitectónicos, en que aún todo es posible, como caminos abiertos por donde transitar más adelante. Como el atleta para el que saltar una determinada altura en un entrenamiento privado no es menos importante que hacerlo en competición: haber llegado allí una vez es sospecha y esperanza de que alguna otra vez se podrá repetir delante de un público.

Encontrar una solución, descubrir un modo de hacer, una razón geométrica, un modelo de organización, una amalgama constructiva, es emocionante aun cuando aquello no se construya: marca nuestro nivel, ése que cada uno, en el fondo de su conciencia y a solas consigo mismo, sabe perfectamente cuál es.

Un concurso es la ocasión de enfrentarse a fantasmas, de explorar áreas en que sabemos que no nos sentimos cómodos, de ensayar modos de construcción que se nos han resistido, de mejorar constantemente nuestra capacidad de resolver complicados puzzles, junto a los cuales el ajedrez es apenas juego de niños.

Concursar es someterse a un entrenamiento de alta competición.

Es el autor y el proyecto, a solas, a ver quién puede más.

Por eso ganar un concurso, si no va seguido del pánico, es una mala señal.

Saber a dónde se va es la mejor manera de no llegar nada más que allí a donde se iba y no descubrir nada por el camino.

Ya. Ahora cuéntale esto al promotor del concurso.

Contarlo... ¿a quién contar estas cosas? Como arquitectos tenemos que manejar constantemente un lenguaje escindido en múltiples personalidades. A cada cual hay que transmitirle en la frecuencia adecuada. Pero la íntima, la que recoge nuestras preocupaciones e ilusiones por un proyecto, ésa sólo la podemos reservar para unos pocos compañeros, ciertamente muy pocos.

No, mejor no se lo cuentes. Pon tu mejor sonrisa, agradécele haber tenido la oportunidad de concursar (y esto que sea sincero, es importante que quien se la juega organizando algo inhabitual al menos reciba una compensación moral) y hazle creer que todo está bajo control.

Pero recuerda siempre la contestación de Ayrton Senna a la ingenua pregunta de un periodista: *"Si en carrera lo tienes todo bajo control, es que no vas al límite"*.

¿Que no tenemos las cosas bajo control? Por dios, cuidado con quién nos oye pensar así, que si es el promotor saldrá corriendo... que no nos oiga el Project manager contratado para contarle a aquél que está tan seguro de todo. Que no nos oiga el político acomplejado ni el prepotente, que no nos oiga el materialista que sólo quiere oír hablar de seguridades rebozadas en grisura.

Porque todas las seguridades en nuestro entorno obvian, por no ser conscientes (y mejor que así sea) de esa inseguridad íntima del único protagonista real, el único que no está poniendo sólo su tiempo, sino su alma.

Que no nos oigan expresar nuestras dudas ni nuestros miedos.

Pero temamos reverencialmente, como aconsejaba el Antiguo Testamento que había que temer los designios divinos: hemos creado un monstruo y ahora hay que domesticarlo o, al menos, impedir que nos devore.

Hemos ganado.

Bien. Hemos lanzado un órdago brutal, un farol monumental... y ha salido bien contra todo pronóstico. Ahora hay que sostenerlo y no banalizarlo en el complejo y largo proceso de domesticado.

Nos piden seguridad y saber muy bien lo que hay que hacer. Y sabiendo de entrada lo que hay que hacer, olvidamos la posibilidad de descubrir lo que nadie sabía que también se podía hacer. Estamos en ese juego. Clandestinamente, porque como se enteren, se nos acabó la partida.

Nos piden ser especialistas y contar todo lo que hemos hecho antes para asegurarse de que sabemos por qué camino transitamos.

Pero nada, en realidad, es hecho dos veces. Nunca haremos series, sino prototipos. Nunca ensamblamos las cosas de la misma manera. Siempre es posible, siempre es deseable, una variación, una modificación, una mejora.

Siempre estamos en el filo de la navaja, a punto de caer, a punto del desastre. Las cosas luego funcionan (o no). A veces no nos entienden (o sí). Y mientras, lo único que nos importaba quizá no lo entienda nadie: ese lugar donde no se debe colocar ningún mueble, ese paso que siempre debería permanecer abierto y que sistemáticamente nos cerrarán. Ese umbral, esa sombra frágil (lo peor de la arquitectura es lo frágil que es), esa tierra de nadie, que a ojos de otro siempre será posible objeto de un aprovechamiento bastardo, mientras que a los nuestros es el lugar del ocio, el salón de pasos perdidos que desde su a-utilidad dignifica lo construido.

Creen que los arquitectos estamos para construir un espacio que rentabilizar o que usar. O para que no se caiga. O para decorarlo, en el peor de los casos.

Nunca entienden que no estamos para eso, sino para poner en cuestión cómo se vive, cómo nos relacionamos, cómo encontrar un orden que no es el de siempre. Que entrar de un modo o de otro puede significar asentar o criticar un modelo social. Que podemos ridiculizar la ostentación obscena del dinero. Que podemos provocar o impedir un cruce de miradas.

Y eso sólo con la arquitectura.

Nos quieren especialistas y a veces incluso creemos que lo somos. Pero somos antes que nada mercenarios y ludópatas a un tiempo. Acudimos donde está el riesgo. Y hoy jugamos a pensar una escuela, mañana un teatro, al otro unas viviendas y al siguiente una tienda. Especialistas en nada, creemos.

Y sin embargo...

Al concursar llevamos la partida al terreno de la incertidumbre, pero también de la libertad insospechada. Si todos los grandes novelistas nos hablan de lo inescrutable del destino de sus personajes, que se rebelan y revelan en medio de la partida, no menos nos ocurre a nosotros con nuestos pequeños artefactos vivos, indomables, imprevisibles.

Concursar, en suma, no es sino hurtar seguridades y hozar el caos. Una muestra franca de confianza y una fe ciega en que habrá una salida al final del túnel.

A pesar del riesgo, a pesar del pánico, a pesar de la incertidumbre.

Pero que no se equivoquen, que no estamos pidiendo un juego particular para nuestro ocio, sino más bien nuestra correspondencia en una partida global que no es sino política.

Quien asume una responsabilidad asume a su vez un riesgo de similar calibre. Hay quien brinda con champán y otros a los que se les vislumbra la responsabilidad en su mirada apesadumbrada. De los primeras poco cabe fiarse (¿en beneficio de quién brindan?). De los segundos sabremos que podemos esperar algo, que quizá consigan reunir valor para lanzarse al vacío.

Del mismo modo, al reclamar concursos públicos, abiertos, inesperados, lo que hacemos es jugar una partida paralela: pedir, en justa correspondencia, a quien quiera apostar por un cambio, ser partícipes de ese proyecto desde nuestra perspectiva profesional, que no es que sea más importante que otras (o sí), sino que es la nuestra.

Y a quien no quiere el riesgo, tratar de convencerlo o, si acaso, sorprenderle lo extraordinario en el ropaje de las palabras ordinarias. Cuando se quieran dar cuenta, la obra estará hecha y quién sabe si ellos seguirán allí o no... porque la arquitectura, no como las personas, permanece.

En realidad, reclamamos poco pero mucho.

Oportunidades. Para dar respuestas y hacer muchas más nuevas preguntas.

Para demostrar que lo nuestro no es un negocio, sino una actividad profundamente intelectual, casi meramente teórica, porque todo lo demás se dará por añadidura y como necesidad.

Y detrás de todo, un enorme deseo de jugar.

No sabe quien no lo aprovecha lo que se pierde.

Y poco exigimos.

Ni siquiera exigimos. Deseamos.

En tres deseos está la raíz ética de todo concurso:

- Queremos jugar a hacer preguntas que contesten a las preguntas que se nos hacen.

- Queremos que se nos regale al menos la oportunidad de plantearlas.

- Queremos poder contárselo a quien lo vaya a poder entender.

Nada más, pero nada menos.

Los frutos del pensamiento[18]

¿Qué ocurre cuando un esquema ideal de edificio se materializa? ¿Cuál es el camino recorrido, qué se sacrifica y qué nace?

Los edificios primeros de Le Corbusier son entendidos por él mismo como una serie ininterrumpida de experimentos tendentes a encontrar la célula ideal para construir la ciudad. "Obras consideradas como laboratorios". Según él mismo indica al comienzo de la introducción del tomo II de su Obra Completa, 1929 representa el final de una larga serie de búsquedas. Ahora se trata de aplicarlas a los "grandes proyectos".

Quisiera seguir una evolución de la idea del Inmueble Villa, que años después será la base intelectual para el proyecto del Inmueble Clarté en Ginebra.

Pero, ¿por qué el Clarté? De hecho, el desarrollo posterior de esta clase da casi más importancia a los estados intermedios que al producto final, que además no es en sí sino un caso muy concreto y peculiar. No se trata de un solar totalmente influido por unas medianeras, como sería el caso del Porte Molitor; no es tampoco el edificio ideal. Se encuentra en un término medio. Representa una muy convincente solución exterior, de gran influencia en la arquitectura cotidiana de treinta años después (por desgracia menor más tarde), y una menos lograda solución interior. ¿Qué pasa aquí? ¿Cuál es el camino que a esto lleva? De eso se trata.

Hay que resaltar cómo L.C. desarrolla grandes teorías urbanísticas, de las que se materializan apenas puntuales edificios ilustrativos. De ahí nacen las grandes decepciones de su vida de arquitecto. "No hay placer verdadero más que en la acción". La acción, la construcción, resultan una idea permanente en la cabeza de L.C., que no se resigna a la utopía.

En ese camino, no sólo los grandes fiascos, las llamativas maniobras en contra de la arquitectura moderna, suponen obstáculo importante. También está la inflexible normativa, la inercia de los usos, la rémora de una construcción antigua y descoordinada. Pero del mismo modo que no puede llevar a la práctica el modelo perfecto, sino que lo tiene que adaptar a unas circunstancias reales, tampoco rechaza en absoluto la particularización y el enriquecimiento de cada caso concreto.

[18] Inédito, octubre de 1998.

Sus 'inmeubles locatifs' responden a un esquema ideal urbano, la ciudad no ya jardín, sino bosque, lograda desde la concentración de unidades de vida en la naturaleza. Pero si no existe este entorno ideal, la obra no ha de parar.

Quizá haya sido definido L.C. como un arquitecto idealista, de las utopías irrealizables. Quizá se tema que hubiese podido dar realidad a alguno de sus grandes proyectos urbanos.

Pero hay que fijarse en la fecundidad de su modo de pensamiento. Sus teorías urbanas le permiten pensar la arquitectura desde un nivel elevado, desde una categoría superior, que engloba los casos particulares posibles.

Como en un álgebra, cada operación matemática real viene a ser una especie de particularización, una restricción de grados de libertad respecto a un entendimiento más global.

Preguntémonos en qué hubiera quedado todo si L.C. careciese de esa visión. Tenemos la costumbre del desarrollo del proyecto de modo inductivo, a partir del lugar preciso inferir el posible edificio; L.C. opera al revés.

Quizá por ello la claridad de su obra. L.C. trabaja mucho en grandes proyectos urbanos, en una idea de ciudad. Una ciudad que sólo puede entender luego desde el ladrillo, por así expresarlo.

El tiempo de L.C. no parece nunca libre: cuando no hay encargos concretos es el tiempo del pensamiento abstracto. Un encargo viene a ser una cristalización, una congelación de un momento del pensamiento, y su aplicación matizada cuanto sea necesario.

Con tal de construir, adapta sus ideas a la realidad. Y en esa adaptación las enriquece. El edificio construido no supone una abstracción del lugar, ni un desentendimiento de las condiciones particulares del problema.

Antes bien, podríamos incluso creernos que el proceso hubiese resultado inductivo. Porque no parece un fragmento de nada. No parece un trozo independizado y abstraído de algo mucho mayor, no queda desangelado, desatado, desabrido ni frío. Aparcamientos, tiendas, portales.... Una planta baja mayor que actúa de colchón de encuentro y adaptación... Así por ejemplo en el Clarté.

El cuidado puesto en esa adaptación, en los encuentros, en los remates, en la resolución de la estructura en seco, en el entendimiento de las téc-

nicas constructivas como generadoras de arquitectura.... nos hablan de un arquitecto de la construcción, del edificio concreto, del lugar particular. Interesa percatarse de cómo L.C. es también un arquitecto de a pie, lejos de una figura mítica y alejada. Tiene su parte de nosotros. Lo que a nosotros nos falta es precisamente una parte muy importante de él: el pensamiento global acerca del problema urbano.

El que encontremos materializadas obras ya no visionarias, sino adaptadas a la realidad, supone la búsqueda de algo muy diferente del dogmatismo del que tantas veces ha sido acusado.

Cuánto de nuestra arquitectura cotidiana ha asumido lo entonces proclamado vanguardista.

La principal proclama de L.C a partir de su encuentro con el acero, es la necesidad de una nueva manera de entender la construcción, como algo estandarizado y riguroso, lineal, organizado. Hoy ya no entenderíamos el Clarté como un ejemplo especial de estandarización, sobre todo por su madurez constructiva: la estructura metálica es un recurso, pero no un icono figurativo. Recordemos algo escrito a propósito de la Weissenhof: *"esto no es de ningún modo una fantasía estética, o una búsqueda de efectos a la moda. Estamos tratando con hechos arquitectónicos que requieren una nueva manera de construir"*. En Ginebra, la mecanización es mayor que dos años atrás, pero se integra sin hacer de ella motivo de expresión. Sin embargo, la modernidad figurativa resultará de modo natural en sus fachadas, nacidas casi literalmente de un hecho constructivo.

Mucho me he referido hasta ahora, como problema central, al asunto del urbanismo. Afirmaba mi convicción de que L.C. no cree en una disciplina abstracta y desligada del edificio concreto. Precisemos más aún, porque él lo deja bien claro: *"los elementos del urbanismo son cielo, árboles, el acero y el hormigón, por este orden y jerarquía"*.

Es decir, la conjunción entre la naturaleza y el artificio, en sus diversos grados: la naturaleza inmanipulable (cielo), la naturaleza manipulable (árboles), lo natural artificializado (acero) y la construcción artificial simbolizada en un material (hormigón).

Y mejor entenderemos esto desde otro fundamental concepto, el de los "placeres esenciales", tan dichosamente recordados en muchas ocasiones: *"cada día el placer de la luz, el espectáculo del espacio, en una palabra, de la belleza natural"*, *"los placeres esenciales que el Buen Dios ha repartido para todos"*.

En la reivindicación del cielo y los árboles están contenidas todas las proclamas que pudiéramos hacer, a favor de aspectos higienistas, de tráfico, de espacios verdes... Todas son circunstancias particulares de algo que lo engloba todo y se funde con la vida humana. La ciudad, desde esta perspectiva, debe nacer casi desde un panteísmo hedonista.

Pero sin olvidar que todo necesita de una forma concreta y real. Hay que construir. L.C. es uno de esos arquitectos en estado puro, que, de haberles sido posible, hubieran actuado como promotores y hasta constructores de sus propias obras. Pero cuando esas visiones son de escala metropolitana, el choque contra el mundo real es el choque contra los poderes políticos. Frente a una realidad claramente desinteresada por la arquitectura, toda oportunidad ha de ser vista como un resquicio para meter un gol a la política, a la economía, a la historia. Y a pesar de ello, muchas realizaciones no son sino pálida sombra de lo que pudo ser.

Recordemos tanto que se ha escrito en contra de, por ejemplo, las Unités. En realidad, juzgar esos edificios por sí mismos supone un grave error de perspectiva. ¿Podemos afrontar una Unité sumida en un entorno edificado? ¿Cómo dar opiniones acerca de un edificio, si éste no debiera ser sino una parte pequeña, acaso la más fácil, de un urbanismo, de una arquitectura del bienestar?. Criticar, como se ha hecho, unos pasillos, unas puertas, una organización, una construcción, es sólo un fracaso. Quizá la medida del fracaso de estas propuestas. Significa centrarse en el objeto, no ver nada más que él. Tal vez agrandar obscenamente peque-ños precios de un entorno de vida envidiable. Muerto el resto, los edifi-cios son sólo restos de un cadáver, o aborto inútil que tantos copiaran sólo en su monstruosidad.

Por eso, hablar de un edificio como el Clarté sin situarlo en un tiempo y en una circunstancia, encierra esa misma perversión. Hay que ser cons-cientes de su origen. Para teniéndolo presente mirarlo más tarde con ojos utilitarios, de arquitectos que debemos dar soluciones para nuestro tiempo, también de técnicos que debemos dominar unos instrumentos.... que tenemos que hablar arquitectura.

En realidad, el inmueble Clarté queda muy lejos de un modelo que nunca fue realidad. Resultaría apasionante un nuevo esfuerzo: ¿cómo sería hoy un inmueble villa? Hoy el problema de la vivienda no estriba en su escasez, sino en hacerla gozosa y feliz, y ante todo accesible y alterna-tiva. Hace tantos años como ya setenta, L.C. apunta a la vivienda de la felicidad, que es la única que concibe. Incluso si la necesidad acucia, no caben las medias tintas.

La fábrica de cuatro pies
y el privilegio de la intervención[19]

Si bien tenemos todos muy claros no pocos criterios de lo que denominamos restauración, una y otra vez encontraremos cierto tipo de actuación sobre edificios existentes (a veces armazones en desuso, otras casi ruinas), en los que se nos solicita la adaptación a un nuevo uso, la actualización, la ampliación, el adoso de nuevos elementos... momentos en los que surgirá el enfrentamiento (teórico y práctico) entre diversas formas de entender no sólo el modo de intervención, sino incluso la conveniencia o no de este tipo de actuaciones.

Pero sí un edificio conlleva valores históricos y culturales, más o menos entendidos por un conjunto social amplio, no es menos cierto que un arquitecto sabrá calibrar también otro tipo de valores absolutamente intradísciplínares, que tienen que ver con materiales permanentes de la labor del arquitecto: masa, gravedad, luz, proporción.

Acostumbrados al rácano medio píe, a la ligereza (*ma non troppo*), al estándar económico moderno (razonable sin duda), nos hemos olvidado en la práctica de barbaridades (por exageraciones) habituales en la construcción del pasado, tampoco tan lejano. Aproximarse a un edificio no ya histórico, sino meramente antiguo, suele acarrear una serie de emociones poco habituales en la labor del momento: grosores descomunales de muros, huecos dramáticos, puertas acogidas por la profundidad del umbral, estancias sorprendentemente propensas a la tensión dimensional, alturas de una dignidad desconocida, posibilidades sensoriales complejas... Muchos de los sueños atávicos, que sería locura realizar, nos lo brinda en bandeja un edificio venido de otro tiempo.

Aun desde la moderación extrema, los mejores ejemplos que pudiéramos citar muestran la doble faz del hacer moderno (sobrio, elegante, moderado), y el inevitable placer de manipular tantos regalos que el arquitecto encuentra agradecido.

Si encontrarse con un edificio histórico (o simplemente antiguo) pudiera llevar al temor (desde el desconocimiento), o a la incomprensión de unas posibilidades envidiables, esta asignatura aspira a ser una ventana más de los futuros arquitectos a la realidad (sinónimo de todo lo malo, pero también de todo lo bueno) y, sobre todo, al interés por el proyecto de arquitectura en un amplío entendimiento cultural. En el entendimiento, en fin, del privilegio de tratar con la arquitectura del pasado.

[19] Cuadernos del Instituto Juan de Herrera, n° 116, 2001.

Madera de madera[20]

El aprecio por la madera no es en nuestro caso ni en la labor de nuestro estudio un asunto central: lo es más bien el aprecio por la materia con que se construye la arquitectura. Y ello significa, evidentemente, un aprecio infinito por la madera, pero también por el acero galvanizado, por el hormigón, por el ladrillo... Creemos que sólo desde el aprecio por la materia con que se hace arquitectura es posible entender ésta como algo más que una mera construcción utilitaria, es decir, como un medio de entender la naturaleza. La consecuencia lógica es el deseo de conocer la materia con que se trabaja y saber usarla apreciando sus características, pero también sus defectos, que una vez conocidos se convierten en nuevas virtudes si se las sabe aprovechar a favor de la arquitectura.

Afirmaba un mítico arquitecto español, Alejandro de la Sota, que el arquitecto haría bien en sentarse a admirar un bloque de piedra (y quien dice piedra dice madera, dice arcilla, dice acero) antes de emplearlo en ninguna obra, para estar seguro de que va a entender qué es lo que puede hacer con él, qué es lo que esa materia le pide (al estilo de la escultura de Miguel Ángel, de la que él mismo afirmaba que se limitaba a liberar del bloque de mármol la escultura que ya se hallaba dentro), pero también qué es lo que radicalmente le prohíbe.

Este mismo arquitecto definía también con extrema lucidez la diferencia que existe entre la "arquitectura física" y la "arquitectura química". Esta última es aquélla en la que la suma de materiales, como en un compuesto químico, da como resultado una cosa diferente de esos materiales. Mientras que la arquitectura física es aquélla en que podemos identificar cada uno de los elementos que construyen un espacio, no disolviéndose, sino sumándose con una alta exigencia de especialización y una imprescindible tensión por acertar en el empleo justo del material. Así, la estructura será un entramado de vigas de un material, el suelo un plano de tablas o de piezas de otro, la fachada, la suma especializada de piezas que resuelven los problemas con precisión...

La valoración de la materia es algo que va unido indisolublemente a los presupuestos proyectuales de la arquitectura moderna: una vez superados los cánones clásicos, externos a la arquitectura, la validación de

[20] Conferencia dictada en Palma de Mallorca, 9 de junio de 2006.

una arquitectura viene dada por su coherencia interna, por la capacidad de construir coherentemente con las cualidades de aquello con lo que se construye. La materia surge inmediatamente como protagonista del proyecto de construcción y toma nueva intensidad el procedimiento para conseguirlo. Ya no hablamos sólo de la materia, sino de cómo emplearla.

La importancia de la materia en la arquitectura va unida íntimamente al anhelo de monomaterialidad, de construir la arquitectura aprovechando las cualidades de la materia y extendiendo todo lo posible su empleo a todos los elementos posibles. El paso inmediato es buscar la integración del mismo material en todos los paramentos de la casa, intentar usar aquel material de un modo inteligente y bello... Es frecuente el mareo del comercial, al que le preguntamos si un producto pensado para fachadas se puede poner en suelos o falsos techos y viceversa, porque lo importante para un arquitecto casi nunca es el producto, sino de qué está hecho. Y así, un pavimento de madera casi nunca es visto como un producto, sino como una materia: es madera colocada en el suelo, y sólo de ahí puede derivar su intensidad.

La pregunta del arquitecto ante un material es ¿qué puedo hacer con esto? ¿Cómo puedo colocarlo? En ocasiones es antes la materia que la idea de proyecto, y ésta nace de aquélla: del deseo de emplear determinado material y colocarlo de determinada manera.

La apuesta de nuestro estudio es por la arquitectura física. De ahí nuestro amor por la materia como instrumento de nuestro trabajo.

Por otro lado, esta percepción de la arquitectura nos lleva al aprecio de cada uno de los sistemas conformantes del mismo: techos, suelos, paredes, no son sólo el límite de un espacio, sino la herramienta con que se los construye, la que les aporta las características, junto con la luz, que habrán de resolver la dificultad intrínseca a cualquier problema de arquitectura.

Dentro de ese sistema, los suelos no pueden ser una elección de catálogo, ni mucho menos una decisión meramente económica o de conveniencia, sino elemento fundamental en la caracterización de todo espacio. Cosa que es difícil de entender y que es preciso estudiar para descubrir en toda su potencia. Aún recuerdo la primera vez que un profesor me habló de la importancia de un pavimento; como corresponde a quien aún no ha descubierto apenas nada de la arquitectura, mi reacción fue de extrañeza: me costaba creer que ese plano destinado a ser pisado pudiera tener tanta importancia a la hora de configurar un espacio; pero como todo lo que se recibe de quien sabe más que uno, no hay nunca que olvidarlo ni despreciarlo, sino guardarlo en la espera y la confianza en que algún día se descubrirá la verdad que encierra: será como un chispazo, el recuerdo fulgurante que confirma desde la intuición personal que aquello que por fin se ha descubierto estaba latente, esperando a que tuviésemos la madurez necesaria para entenderlo. Así fue, y ya para nunca olvidarlo.

Recuerdo la impresión que me causó un escenario de la película de Akira Kurosawa "Trono de sangre", basada en Macbeth: la estancia en que se toman las decisiones trágicas y crueles de la trama es un impresionante espacio de unos ocho por quince metros, encuadrada siempre casi desde el ras del suelo, cuyo techo se pierde en la oscuridad. El plano queda dominado por una plataforma de anchos y viejos tablones de madera, sobre la que se sientan al fondo los personajes, sobre la que ocasionalmente apoyan preciosas piezas de porcelana blanca, en dramático contraste con el suelo oscuro (diríase que flotan)... Pues bien, ese espacio de límites indefinidos, apenas construido por un plano rotundo, de fuerte textura, es uno de los espacios más intensos que recuerdo haber visto en una película: intenso por lo que representa, por la atmósfera que crea, por la inquietud de no ver nada más que uno de los límites, por el contraste con todo lo que sobre ese suelo apoya... Un espacio que es sólo un pavimento, pero ni más ni menos que un pavimento...

En arquitectura la intensidad formal no tiene nada que ver con la intensidad del concepto construido, más bien suelen ser valores opuestos: a mayor contención formal, mayor intensidad de lo construido. Todo un espacio reducido a un pavimento construido es una de las mayores lecciones de arquitectura que he visto jamás.

Pero, ay, cuánta superstición en torno a la madera...

Superstición deriva etimológicamente de "super-stare", es decir, de aquello que se mantiene más allá de cuando tuvo razón de ser, de algo que ya no tiene lógica, pero que quizá algún día la tuvo: hoy se ha perdido ya aquella razón, se ha perdido su causa, pero quedan las consecuencias, las precauciones, los temores... las supersticiones.

Si algún día tuvo razón de ser el miedo al incendio (recordemos el pavoroso fuego de Londres de 1640, que arrasó todo el centro de la ciudad, o el fuego que siguió al terremoto de San Francisco de principios del siglo XX), hoy ya no: hay normas de prevención, sistemas de sectorización, infraestructuras e instalaciones de protección... Y sabemos además de las cualidades de la madera: de la dificultad de que una buena madera (y no un sistema de ballon frame con maderas de ínfima densidad) prenda, de las óptimas características resistentes de un elemento estructural en combustión, de la pequeña velocidad de carbonización de una madera estructural, de los sistemas de protección en todos los sentidos... Y sin embargo aún hoy es el día en que ante un incendio en que se queman papeles, moquetas, colchones, ropas, sofás... que ejercen de inmejorable combustible, hay que oír que la razón de propagación de un fuego sea un panelado de madera de caoba o una viga de madera laminada...

Y si algún día aparece la Amazonia en la televisión es para recordarnos que al año desaparece una superficie forestal similar a la superficie de toda España... Llevo escuchando esa comparación desde que era un niño, y les aseguro que he superpuesto más de una vez sobre un mapa el tamaño de la Península sobre Brasil, y las cuentas no me salen... Hace ya muchos años que no debería quedar nada de la Amazonia... Claro que también a todos nos enseñaron de pequeños la historia de la famosa ardilla que recorría España de punta a punta sin bajarse de las copas de los árboles... ¿Existió alguna vez aquella ardilla? Permítanme dudarlo.

El sector de la madera ha visto cómo crecían y crecían las regulaciones, las normativas, las exigencias de trazabilidad... Una industria no es suicida y sabe que no puede agotar sus recursos bajo pena de desaparición. Pero aún hay más. En Europa ya hace siglos que existen industrias de madera, sobre todo en los países nórdicos, basados en un estricto sistema de corte de árboles previamente plantados dentro de un plan de treinta o cincuenta años de ciclo. No hay otra industria que sea tan consciente de lo que maneja, ni industria que cuando termina de explotar un enclave reponga aquello que ha extraído, como sí hace la industria de la madera.

Y sin embargo, en cuanto nos hablan de la Amazonia se apunta insidiosamente al empleo de la madera en la construcción como causa de tanto desastre... Como si no se consumiese mucha más madera en fabricar papel que en construir, como si se tratara de una industria salvaje y no una de las más civilizadas y sensatas que hay sobre la tierra.

Pero con la superstición volvemos a topar. Y con la nueva moda que nos ataca desde todas partes del ecologismo regresivo y justificativo: ya no se puede construir sin justificarlo todo más allá de los límites de la sensatez. Hace treinta años un proyecto eran cien planos y cien páginas de memoria y pliego. Ahora son treinta planos (no hay tiempo para más, el resto se hacen en obra), mil páginas de memoria y mil más de justificaciones que nadie lee, que nadie comprueba y que nadie cree. Quinientas de ellas serán para justificar lo ecológicos que somos, aunque previamente se haya decidido construir en el cauce de un río...

En el proceso perdemos el norte y olvidamos el proceso completo que significa construir algo. Recientemente el arquitecto australiano Glenn Murcutt, excelente arquitecto fuera de los círculos de la moda, premiado justamente con un premio Pritzker (de los pocos premiados que enaltecen al premio y le dan prestigio, que no al revés), impartió una conferencia en Madrid a cuyo término alguien del público le reprochó construir con madera, y no con "nuevos materiales ecológicos que aparecen todos los días"... Murcutt montó en cólera y con admirable vehemencia desmontó tan simplistas argumentos (cito de memoria, no se fíen de las cifras precisas, sino de su sentido): *"cortar un árbol, desbastarlo y emplearlo como rollizo en una obra, implica una unidad de energía; escuadrarlo para elementos estructurales supone dos unidades; cortarlo en tablones para un pavimento o un paramento, tres unidades; extraer una piedra, cortarla y concertarla, diez unidades; fabricar hormigón y ponerlo en obra, treinta unidades; laminar un perfil de acero, cien unidades; obtener plásticos del petróleo, mil unidades; laminar un perfil de aluminio, diez mil unidades; y todos esos nuevos materiales ecológicos que se inventan todos los días... ¡un número infinito e inconmensurable de unidades!"*.

Empleemos la materia que nos regala la naturaleza, proyectemos sombras en lugar de instalar paneles fotovoltaicos (que en toda su vida útil no son capaces de recuperar la energía empleada en su fabricación), pero olvidémonos de tanta superstición bienpensante, de tanto prejuicio contra la sencilla y sana acción de construir con lo que prácticamente nos regala la naturaleza y con muy poco esfuerzo podemos regenerar.

Porque, en suma, la naturaleza nos regala las cosas que tenemos que aprender a apreciar. Igual que la persona madura acepta sus canas y arrugas y es capaz de encontrar la belleza en ello, en la madera podemos apreciar la intensidad del mundo que nos rodea. Aunque para ello debemos superar prejuicios demasiado fuertemente instalados en el subconsciente social.

Hay que romper la creencia de que un buen mantenimiento de un suelo de madera implica la persistencia del brillo: cuánto más bello un suelo en que el tiempo deja su huella y acompaña la vida humana, la pequeña historia de quien lo habita: un suelo de madera, como un buen jardín, sólo es espléndido cuando envejece, cuando ya no es perfecto, cuando las marcas de la vida le han regalado espléndidos arañazos a través de los cuales podríamos reconstruir su historia; cuando el sol se ha comido su color y aparece el gris soberbio de la madera antigua, cuando las tablas han madurado, cuando han cogido la hechura de la casa y se han asentado con ella y han compartido sus imperfecciones... La arruga es bella, la textura aún más, el tiempo depositado en un suelo de madera es la huella de la vida en la materia que la rodea...

Hay quien elige no poner un suelo de madera porque se va a deteriorar, y llama deteriorarse a envejecer. A cambio, perderá su disfrute... quizá deje un cadáver bonito y sin desgaste por no haber vivido lo que debía... Protejamos siempre la piel de un sofá para no desgastarlo, y dejemos que lo disfrute el trapero, ¿no?, guardemos un bonito suelo para que llegue impoluto a la escombrera... y olvidémonos de vivir... Ese parece el mensaje de tantos cuidados histéricos, de tanta incapacidad para asumir el azar de la vida que parece subyacer en tantas conductas estúpidas de nuestro tiempo: siempre tiene que haber un culpable, y si las tonalidades de las tablas de un suelo de madera varían de una a otra, se buscará necesariamente al culpable o se rechazará tan bello suelo, obviando que en la naturaleza la diversidad y la heterogeneidad es uno de sus mayores encantos.

Es preciso luchar por el aprecio de la belleza del deterioro, del paso del tiempo, superar la obsesión por la cirugía de rejuvenecimiento, por el síndrome de Dorian Grey que nos atenaza como sociedad. Nuestra sociedad ha desarrollado una suerte de "teoría general del preservativo", por la cual todo debe quedar preservado del paso del tiempo y del accidente. Y al cabo en todo es aplicable lo que seguro que todo aquél que ha comprado un coche nuevo ha vivido: lo deja en la calle con aprensión, comprueba mil y una veces si lo ha cerrado bien, aparca con exquisito cuidado y desperdicia lugares de aparcamiento por ser demasiado justos, dedica los fines de semana a limpiarlo... Toda esa esclavitud se pasa con el primer rayón, casi nos deberían entregar el coche con un acto solemne de hacerle una pequeña raya con la llave antes de dársela al propietario. Sólo entonces aprenderá a disfrutar de verdad de su coche.

Los suelos de madera suponen la última memoria de un tiempo en que la construcción era un proceso muy distinto del actual: desde final del XIX se ha producido un deslizamiento hacia la banalización de la construcción, especialmente acusado en las últimas décadas, precisamente cuando más se ha pretendido establecer un estándar de calidad y cuando, justamente por culpa de esa obsesión, la construcción ha devenido una gran pantomima de apariencias sin sustento.

Aún a finales del siglo XIX la construcción de cualquier edificio de viviendas del Madrid medio de la época suponía el empleo de la materia de un modo rotundo y muy cercano a los usos de siglos atrás: muros de un metro de tomo, zancas de escaleras salidas de la mano de carpinteros avezados, puertas pesadas de madera o hierro, alturas de techo generosas, huecos complejos, formados por capas especializadas, mucho tiempo antes de que de ello se hablase... El peso como cualidad característica de la arquitectura aún está presente de un modo muy parecido a como lo estaba en el siglo XVII o en el XV, y eso en normales construcciones para la clase media, en que no es infrecuente encontrar fantásticos sillares construyendo el zócalo o el dintel de la puerta de entrada a la finca.

El paradigma de la banalización de la construcción, aparte de la imparable impericia constructora generalizada y de la desaparición de un auténtico placer por producir un buen producto medio, sería el vestíbulo de la hipercostosa vivienda de Bill Gates: las paredes son un continuo video-wall en el que proyectar la imagen de la textura elegida. Madera, piedra, acero... enmarcando vistas igualmente producidas como mera imagen: la imagen como engaño al que el hipermillonario se somete y con la que pretende darnos gato por liebre, olvidando el tacto, el olor, la sensación térmica, que, por encima de la imagen, es la seña de identidad de cualquier material de construcción. El superpoderoso del siglo XXI no toma el camino del superpoderoso del siglo XVI (Felipe II y su monasterio de El Escorial, obra construida por los ángeles, prefabricada en las canteras cántabras de donde salía cada piedra destinada a su lugar preciso en la fábrica del monasterio), sino que se desliza por los halagos del tunning y las banalidades del horteril "hágaselo usted mismo".

En ese marco de banalización, de sustituir la realidad por la imagen (y sólo así se entienden esos absurdos pavimentos de "foto de madera"), el suelo de madera real, natural, auténtica, es casi el último placer constructivo que nos queda en el mundo de la construcción cotidiana: pesos, anchuras, grosores, pueden sin esfuerzo ser como esos maravillosos suelos de tabla de las iglesias castellanas antiguas, de los palacios o de las casonas de los hidalgos, que aún hoy nos sorprenden como un testimonio de lo que era la autenticidad en la vida y, como consecuencia, en el construir.

En los marcos actuales de la economía de la construcción, construir mejor y con mejores materiales apenas encarece el producto; en el marco de la especulación inmobiliaria, la arquitectura no importa, es casi el mal menor que ha de sufrirse para poder materializar el beneficio, y si se pudiese vender un piso sin construirlo, sería la gloria... La pelea del arquitecto siempre será desde las catacumbas y desde la incomprensión, y más vale que no difunda mucho sus aspiraciones, pues sólo así podrá colarse sin ser advertido. Y podrá abogar por el amor a la materia con la que quiere construir su arquitectura, asumiendo su belleza en el tiempo y gracias a él.

Para referirse a su propia casa en Mallorca, Camilo José Cela la identificaba con "*ese trozo de tierra ordenada donde uno se refugia cuando la tierra tiembla, para seguir amándola*". A ello nos adherimos. Queremos vivir rodeados de realidad física y no de su imagen ocultadora; que la casa envejezca con su dueño, que cuando le salgan arrugas la casa también las tenga, que el crujido de una tabla del pavimento no signifique una rotura, sino la vida misma que ajusta sus junturas para seguir hablando de la belleza del mundo.

El precioso texto de Álvaro Siza, "*Vivir una casa*", que glosa la permanente batalla entre la casa y el azar del accidente, termina con esta fantástica descripción que remueve con facilidad sentimientos ancestrales de bienestar: "*Pero cuando ese esfuerzo de manutención no es aparente, cuando el saludable olor a cera de una casa, además bien ventilada, se mezcla con el perfume de las flores del jardín, y cuando en ella nosotros –visitantes irresponsablemente poco atentos a los instantes de felicidad- nos sentimos felices, olvidando nuestras angustias de nómadas bárbaros, entonces la única medalla posible es la de la gratitud, del silencioso aplauso; un momento de pausa, mirando alrededor, sumergiéndose en la atmósfera dorada de un interior de otoño, al final del día"*

En la felicidad de ese olor a cera, de ese pavimento de maderas cuidadas pero viejas, están los sueños de muchas casas, quizá de las casas que algunos arquitectos aspiran a construir, si se les permite la oportunidad, al menos una vez en la vida.

Historia de dos magnolios[21]

Un buen proyecto se puede resumir en una frase. En unas pocas palabras. Detrás de un buen edificio siempre hay una idea muy clara de lo que se quiere hacer. Y ese objetivo a veces es tan evidente que cuesta creerlo.

La historia que les voy a contar se sitúa en ese ámbito. Y podría resumirse en cómo hubo que construir treinta y cinco mil metros cuadrados para poder permitirse el placer de plantar dos magnolios en medio de una ciudad.

Pero vayamos por orden: la historia comienza hace casi diez años ya, cuando se presentó la oportunidad de que el Colegio de Arquitectos de Madrid construyera una nueva sede en el centro histórico de la ciudad (dónde si no, pero eso tampoco era tan obvio), aprovechando la oportunidad para salvar lo que pudiera quedar de un lugar que llevaba años a la deriva. Las antiguas Escuelas Pías de San Antón habían sido pasto de las llamas en 1996 y desde entonces no se sabía muy bien qué hacer con ellas. La presencia de Pedro de Ribera y Ventura Rodríguez la había salvado del derribo, pero faltaba un impulso para saber qué hacer con aquello. Y se encontró en esa institución de representación profesional, que qué mejor ocasión podría encontrar para dar ejemplo: construir su sede en el centro de la ciudad, comprometerse con la regeneración urbana en vez de irse a la anodina periferia, recuperar un patrimonio de la ciudad que llevaba años habitado por ratas y, si pudiera ser resultado de todo ello, regalarle algo a la ciudad. Es más, la solución de financiación de la compra del suelo pasaba por aportar dicho coste en forma de equipamientos municipales. Buen regalo. Pero a la arquitectura hay que pedirle que haga también su ofrenda más intrínsecamente propia.

Ese otro y deseado regalo se encontró a través del concurso internacional que se convocó al efecto (había que dar ejemplo, no hay otro camino

---

[21] Octubre de 2014 – inédito. Escrito como desahogo por el maltrato que recibió, recién inaugurada, la sede del Colegio de Arquitectos de Madrid, en cuya construcción participé intensamente como gerente de la promoción, desde el concurso hasta la puesta en marcha. Siete años de tomar parte de un proceso complejo desde el otro lado: mi papel no era hacer arquitectura sino permitir que se hiciera, lo cual me enseñó mucho. Sobre lo fácil que es hacer las cosas bien y sobre lo aún más fácil que es desbaratarlas si se carece de un mínimo de compromiso con la arquitectura y con el orden frágil que regala al mundo.

Paso entre equipamientos - Fotógrafo: Jorge Crooke, 2012

decente). Gonzalo Moure (Tuy, 1958) ganó el concurso con una propuesta cuya virtud más intensa es también la más evidente, pero al tiempo la más difícil. Frente a un programa intenso por la complejidad de usos que debían convivir y la dificultad de los metros cuadrados requeridos (por no hablar de la adaptación a las preexistencias), la apuesta es clara y rotunda: hagamos un jardín. Y no un jardín cualquiera (quien haya proyectado alguna vez un jardín sabrá de la insoportable tentación del horror vacui, del afán por llenarlo todo de líneas, trazas, tramas, senderos y árboles), sino un jardín sereno, contraste con el tráfago de los alrededores.

El jurado, indiscutible: José Antonio Corrales, Oriol Bohígas, Manuel Gallego, Antonio Ortiz, José Antonio Martínez Lapeña, Antonio Miranda. Es otra premisa, pues es el jurado el que en un concurso realmente se enfrenta a un problema. Y el juicio de Corrales fue certero al enjuiciar resumidamente el valor del proyecto: el proyecto ganador "no agobia con arquitectura" (La edificabilidad pedida es equivalente a macizar con dos plantas el total de la parcela. El contraste de la propuesta ganadora respecto a otras residía, en efecto, en la naturalidad de su implantación, en contraste con otras, cuya presencia se hacía, podríamos decir, que

Vestíbulo de exposiciones y escalera principal, al fondo el jardín - Fotógrafo: Jorge Crooke, 2012.

obsesiva). Es tranquilo. Aporta un vacío, un verde, un paisaje especial, pausado, sereno. Silencioso. Desde ese jardín (que no patio, como una mirada distraída podría concluir a la ligera) el ruido del tráfico rebota en el silencio y se hace así distante, ajeno, queda expulsado de ese pequeño paraíso que se puede, así, regalar a la ciudad. Y en el jardín, sólo dos magnolios. Crecidos. Fuertes. Recuerdos también de la infancia del arquitecto, quien se columpiaba en las ramas de uno allá en su tierra natal y sabía por ello que bajo la sombra de un árbol el tiempo es otro. Como lo sabía Bachelard. Y Oíza. Y todos los maestros. Sólo hay que escucharles. Nada menos.

Porque parece obvio: un jardín, dos árboles, serenidad...

Tan obvio... que sólo dos o tres propuestas respondían en esa línea y sólo una con la claridad de este proyecto. Para ello, la solución de recurrir a crujías anchas, organizar el trabajo en áreas abiertas, sin despachos, que ponían en duda las relaciones jerárquicas, como no puede sino hacer la arquitectura de verdad: la que sabe que lo que ordena el trabajo es la autoridad que proviene del orden y no de la jerarquía. ¿Quiénes

Ala de trabajo este - Fotógrafo: Jorge Crooke, 2012.

sino los arquitectos serían capaces de entenderlo? Se sumaban, así, el orden de la arquitectura y un cliente propicio, era la ocasión que pocas veces se da. Y se respondía a una invitación que la pregunta planteaba (unas bases de un concurso esconden un diseño soñado de una institución, luego se borran pistas para jugar a ver quién acierta; lo mejor es que en arquitectura muchas soluciones son válidas, pero con una condición: nacer de la generosidad y de la aspiración a una interpretación inteligente del mundo).

Evidentemente, no sólo el jardín sustenta al edificio. Podríamos decir al revés: son el resto de soluciones las herramientas que permiten aislarlo, protegerlo de las tensiones, construir el marco operativo que permite que lo que de verdad más interesa nazca como sin darle importancia.

Pero la historia la he contado con algo de trampa. Quizá asumiendo la trampa necesaria para que lo que de verdad importa en la arquitectura salga adelante: que nadie se fije en ello, que el regalo resulte como por arte de magia. Es la garantía para salir adelante. Tácticas de distracción. Que lo más valioso de la arquitectura es siempre lo más frágil. Desgraciadamente.

Salón de actos abierto al jardín - Fotógrafo: Jorge Crooke, 2012.

Porque merece la pena analizar el edificio en todo ese difícil montaje conducente a esa magia final, porque tiene valor y hay que contarlo. Así que vamos a centrarnos un poco en ello.

El rasgo más característico del edificio (y llamarlo edificio es una simplificación, porque en realidad son varios, unidos por una paleta común) es la presencia directa de la materia como conformante del espacio. Madera, granito, hormigón, vidrio. Cada cual en su color o ausencia de éste. Así, el hormigón, no blanco sino crema (¿no creen que hay algo de artificial en un hormigón totalmente blanco?), que a través de su presencia constante en la estructura vista de forjados establece un ritmo y un orden. Frente a la más habitual aspiración a la condición de "contenedor" homogéneo, la necesaria flexibilidad se obtiene mediante la paradójica presencia insistente del ritmo estructural: nervios vistos que pautan el espacio cada setenta centímetros y permiten la modulación, si hiciera falta, de los recintos, pero que ante todo reclaman la necesaria presencia de la estructura como hacedora de la arquitectura. Nada llamativa, que no se trata de eso, sino discreta pero presente, tenaz, útil. Lo nervios siempre vistos pautan marcando cuáles son las reglas infinitas de juego y actúan, además, como meta-arquitectura polémica: arquitectura que

Vista general desde la logia; a la izquierda, la sala de cámara de la escuela de música - Fotógrafo: Jorge Crooke, 2012.

habla de la arquitectura y de sus tentaciones. Tentaciones de homogeneidad, de libertad descontrolada o de ocultación en nombre de una equivocada flexibilidad. No se trata de construir un campo de juegos para el capricho, sino de establecer, claramente, unas reglas de juego que permitan la transformación continua del espacio. Porque hay mucho en este edificio de contestación a la tentación de facilidad. Qué fácil un falso techo (que no "techo técnico") homogéneo (sólo superficialmente) y qué difícil encontrar la regla de juego que abra las posibilidades para una mirada inteligente. Frente a ello, la presencia clara y rotunda del material y de su ritmo, de su orden necesario e inevitable, como prueba de su valor. Anchas crujías que responden a la demanda de espacios abiertos, flexibles, respondiendo acertadamente con una verdad que por evidente se hace muy oscura habitualmente: la flexibilidad no ha de ser una cualidad de la arquitectura, sino de las personas que la habitan. O dicho de otro modo: son las personas las que deben encontrar la flexibilidad (y la relajación) en su manera de entender el mundo, sus reglas, las relaciones sociales y personales. En palabras del arquitecto: "para acercarse a un piano se mueve la banqueta, no el piano". Podríamos añadir: para

Sección por la calle Hortaleza – Gonzalo Moure.

mirar a un sitio, se gira la cabeza, no la fachada. Porque la energía del ser humano en su adaptación a la flexibilidad de la vida requiere mucha menos energía que la tortura de la arquitectura para responder al capricho del usuario anquilosado en su comodidad y en sus demandas de niño pequeño. Vivamos flexiblemente y cualquier ámbito que nos muestre un orden será el tablero perfecto para el juego de la vida.

Y en armonía con ese tono crema y ese ritmo y esa condición de desnudez, la madera y el granito (empleado como pavimento y como partición fija de lo único estructurante, que son los núcleos) suman su condición profundamente material, suman su color natural de árbol y cantera, suman su tozudez al discurso de una arquitectura que no busca artificios, sino serenidad.

Ese tono vital se refleja así en esa armonía de los colores de la naturaleza, pero también en la respuesta sosegada a la ambición de control que nos acecha. En tiempos en que todo parece tener que estar controlado por una máquina, se recurre a la única máquina perfecta, la de las leyes naturales: así, frente al absolutismo del control ambiental, la libertad absoluta del ser humano, que cuando siente calor dispone de su libertad para abrir una ventana, pero también el inteligente apropiamiento de las cualidades de la ventilación natural, gracias a una atípica solución de fachada al jardín que garantiza el control energético, pero que al tiempo no puede sino poner nerviosos a los talibanes de lo establecido. En un tiempo de normativas, ha llegado el tiempo en que deberíamos contestar con prestaciones, no con reglas anónimas y generales, ajenas a las circunstancias. Quizá ha llegado el tiempo de inventar, de nuevo.

Porque otra de las características valiosas del edificio es su valor de experimentar otras soluciones, apostar por el riesgo de hacer las cosas de otro modo, reclamando el papel de invención que siempre la arquitectura ha tenido. ¿Qué es un edificio sino una máquina complejísima que se pone a punto cada vez que se vuelve a inaugurar el mundo? Los arquitectos somos, seguimos siendo, artesanos. *"Nuevos errores enriquecerán al mundo"*, decía Alejandro de la Sota, y sólo la experiencia de la construcción nos revela la magia de esa frase, pues no es sino haciendo las cosas de otro modo, haciendo las cosas por convicción, y no por coerción, es como podremos responder a los estándares, a los bozales, al encorsetamiento al que los arquitectos somos sometidos por una sociedad cada día más miedosa y menos abierta a la invención.

Este tono, que no es sino un modo de entender el mundo y apostar por la inteligencia y la relajación a la hora de vivir, se extiende también al uso del edificio. Podemos volver a esas crujías profundas pero equilibradas en que circulaciones y áreas de trabajo se definen sin necesidad de barreras físicas. Y también podemos hacer referencia a ese salón de actos asambleario, abierto al jardín, en que el orden no es el de una junta de accionistas, sino el más liberal y educado de un ambiente universitario. En el sueño del arquitecto, una conferencia podría ser seguida desde el jardín, sentados en el césped, dando con ello la lección que la sociedad necesita: que los arquitectos podemos responder a las sobreregulaciones, al estrés, a las formas momificadoras, con libertad, con la invitación a la libertad y a hacer las cosas de otro modo. Recuerda uno esas palabras de Louis I. Kahn, para quien una escuela no es sino ese acto en que unos pocos se reúnen a escuchar a alguien a quien le conceden la autoridad y la confianza en su conocimiento. Una conferencia no es sino otorgar esa credencial, esa fe, a alguien a quien merece la pena escuchar; una asamblea no es sino encontrar el modo de sentarse juntos sin que la moderación del acto se instituya en gobernante, sino tan solo en organizador.

Ese jardín, activado, también, por la presencia del salón de actos, no es un vacío para mirar, sino un verde donde pisar y descubrir, románticamente, la hierba que hay bajo los adoquines de la ciudad (y perdón por apropiarme de algo tan tópico, pero es el edificio el que lo dicta, no hay retórica en ello). Del mismo modo que al organizar el edificio conforme a un criterio de aforo decreciente con la altura, el restaurante situado en la logia superior es el escenario perfecto para disfrutar de los cielos de Madrid, del jardín en altura, pero también de ese ámbito de paz que el edificio ha conseguido atrapar.

Aún no hemos terminado el paseo por los materiales. Falta referirse a la delicada celosía, homenaje a Egon Eiermann, pero también placer por los matices, con sus tres tonos de blanco (hueso, blanco puro y rosado), que sólo en vecindad se evidencian por sus delicadas irisaciones. Material, y aquí se insiste en lo mismo, dignificado por su condición artesanal. Por su delicada imperfección, que en el rigor del orden se vuelve vibración. Por la huella del trabajo humano, necesariamente pautado por el azar, que es el sino de la construcción, que el ingenio concierta y armoniza. Calidez de la frialdad a través del tamiz del orden. Sequedad galaica, hedonismo discreto. El mismo que reviste los soportes, acero necesariamente oculto (ay, el fuego) y revelado por su forro de acero al carbono, que pone el énfasis, gracias a sus corchetes, al tiempo en la realidad del material y en su irrealidad, en el deseo de expresar siempre la verdad de una paleta que es el resultado de ensayar, una y otra vez, un modo de construir, una paleta, una convicción. Y la terquedad a la hora de exigirse contención, de expresar el placer de crear escenarios para la vida, en que la arquitectura es telón de fondo que pasa discreto a segundo plano, sabedora de que la arquitectura se construye al vivirla, en esa apuesta inútil (destinada a perder, siempre) de ponerlo todo a la inteligencia y nada a la obviedad.

EPÍLOGO

La mejor manera de interpretar la función para la que el edificio fue creado es vivirlo. Conversar relajadamente en ese restaurante de cubierta, al lado de un jardín extemporáneo y amable; mirar los cielos de Madrid y escuchar de fondo a los alumnos de la vecina escuela de música, poniendo la banda sonora a esa armonía que quién sino los arquitectos podemos recrear.

Sin embargo, este cuento es el de un mundo que a punto estuvo de ser, pero se torció.

Para vivir este edificio hay que creer firmemente en que el mundo no está pautado, que cada cual puede inventar de nuevo la vida y un arquitecto no crea otra cosa que un escenario para ello, una invitación a la libertad. Cuando no se sabe vivir, cuando se tienen prejuicios, cuando no se distingue lo colectivo de lo privado, tampoco se sabe aceptar esa flexibilidad que no es sino un nombre alternativo del placer de vivir, de sentir la brisa de Madrid, de escuchar esa sinfonía en el silencio del jardín. El error de esta arquitectura es creer que el arte de vivir está al alcance de cualquiera. No. Hay que aprender a pisar el mundo de un modo educado. A respetar los sueños de los arquitectos.

Los magnolios ya no existen (uno se dejó morir, el otro fue vilmente arrancado). El silencio fue profanado.

Pero queda la esperanza de que en el futuro alguien venga que sepa leer ese otro mundo que allí está escrito. Porque la arquitectura es frágil en su delicadeza. Pero resistente en su invitación a reinventar el mundo en una forma en que todo sea más sencillo.

Vista general del jardín; un magnolio se esconde tras el otro - Fotógrafo: Jorge Crooke, 2012.

De las virtudes de lo antiguo[22]

La intervención en las ruinas y el entorno de las Escuelas Pías de Lavapiés fue, ante todo, un proceso largo, lo cual es, inequívocamente,
determinante para entender el carácter de lo construido.

El proyecto arrancó en 1996, con un concurso de ideas en que se soli-
citaba la construcción de un complejo deportivo en un solar adyacente
ocupado por un bloque de viviendas, y una sala de conciertos en las
ruinas de las Escuelas Pías (incomprensiblemente destinadas en el Plan
General a "espacio verde", a pesar de la evidencia de la degradación
que la apertura del recinto había causado). Ante la sospecha de que un
proceso de desahucio y derribo de unas viviendas en dignas condiciones
de habitabilidad llevaría al traste con el proyecto, se optó por proponer la
ocupación del vecino solar de Tribulete con esquina a Mesón de Paredes
(antiguo teatro de mala nota), lo que daba la oportunidad de construir
un conjunto unitario con las ruinas de la Iglesia. La marcha de la obra
remarcaría el acierto de esta decisión, por la cantidad e intensidad de
sugerencias que fueron mostrándose conforme avanzaba.

Tras un largo proceso que no hay espacio de contar aquí, la iglesia se
destinó a biblioteca y el edificio adyacente a aulario; pero en ese tiempo
se presentó la oportunidad de proyectar la vecina plaza de Agustín Lara,
incluyendo un aparcamiento bajo rasante.

Que las obras de esta plaza comenzaran mucho antes que las de los edificios fue fundamental: porque la práctica de austeridad y rudeza obligada en un entorno socialmente problemático y funcionalmente duro, llevó
a una apreciación de materiales y soluciones de una especial desnudez
y sinceridad constructiva; una rudeza siempre esclava de intereses más
importantes, tales como la calidad ambiental, la introducción de la luz
o la consecución de un argumento espacial en un tipo edificatorio (el
parking subterráneo) casi siempre carente de él.

Cuando más tarde llegaron las obras de los edificios, cuyo proyecto estaba terminado desde mucho antes de comenzar las del aparcamiento, no
pocas de las decisiones de proyecto resultaban amaneradas e innecesa-
riamente "vestidas", a la luz de las nuevas experiencias. Así por ejemplo,

[22] Arquitectura, n° 338, octubre de 2004; también publicado en el libro "Evocando la ruina -
sombras y texturas / centro cultural en Lavapiés, Madrid", 2004.

los materiales exteriores llevados al interior resultaban mucho más intensos que la habitual retahíla acumulativa de acabados; las luminarias "de marca" podían sustituirse por la esencialidad absoluta de bombillas al aire y difusores construidos directamente por un cerrajero o un carpintero; el deployé galvanizado o el adoquín portugués empleados en la plaza podían entrar en vestíbulos, cubiertas (la cafetería es un trozo de plaza levantada) y cierres; se puede ahorrar mucho dinero en falsos techos si se ordenan adecuadamente las instalaciones, pero además se obtiene una atmósfera más ruda y acorde con la ruina a que nos adosamos....

La ruina de la iglesia de las Escuelas Pías revela el valor rotundo de su construcción: lo que en origen, recubierto de estucos, yesos, angelotes, molduras y panes de oro no era sino soporte para el delirio más o menos culturalmente aceptable del momento, una vez machacado, azotado, desgastado por el tiempo y la intemperie, resplandece con reminiscencias romanas, ruinas que evocan ensoñaciones de otros tiempos; el muro de metro y medio, el arco, el tambor que se yergue rotundo en un barrio de casas de pequeña escala. Detonante para, por contraste, caer en la cuenta de la ridiculez de tantos minimalismos formales y manierismos modernos. Por tanto, voluntad de sumisión, que la ruina guíe los pasos; pero también flexibilidad para adaptar las decisiones previas a estas nuevas circunstancias, en la seguridad de que el proyecto resultante no puede ser el mismo que antes del contacto material con las ruinas.

Frente a la potencia abrumadora de una construcción envidiada, se impone la necesidad de hacerse con las herramientas necesarias para no caer en el maniqueísmo de la restauración (nuevo-antiguo / mímesis-contraste / pesado-ligero...); un maniqueísmo que no lleva a otra cosa que a la pretensión un tanto absurda de desligar del tronco de la arquitectura una tarea absolutamente nuclear de nuestra disciplina: el encuentro con el pasado; tarea que por complejos de culpabilidad (justificados) y de pusilanimidad cultural (la decadencia siempre acechante) se pretende supuestamente autónoma y codificable. Parece que es hora de destacar el valor de lo intradisciplinar, de lo intrínsecamente arquitectónico (y no por menospreciar lo "interdisciplinar" –por otro nombre "cultura"- sino por poner el acento en la necesidad que tenemos de fomentar una profunda sensibilidad arquitectónica previamente a salir de excursión por esos mundos extraños). En otras palabras: dejando atrás las discusiones en torno al valor monumental, de memoria, histó-

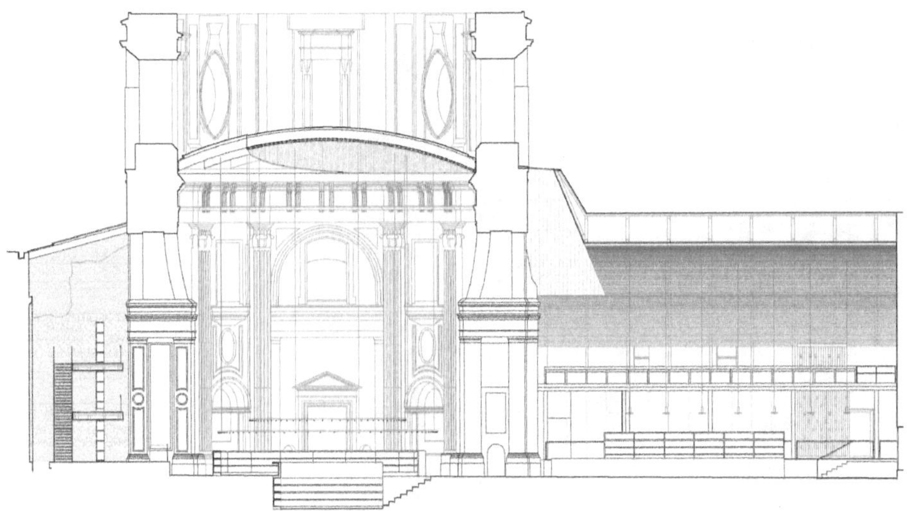

Sección longitudinal por el cimborrio; la decisión de no cubrir arriba sino en una cota intermedia resulta decisiva, pues permite mantener desde el exterior una imagen de ruina, renunciando a intervenir allí donde no sólo parece casi imposible acertar, sino que el edificio, ya ruina, pide seguir siéndolo.

rico o sentimental, etcétera, vayamos a esos valores que sólo desde una perspectiva del deseo arquitectónico se pueden admirar: las alturas de otros tiempos, las fábricas de bastante más que el miserable medio pie nuestro de cada día, las pátinas, el peso, el tiempo, los espacios rituales, las cavernas, la media luz, la textura, el afán de permanencia... Y que los encontraremos no sólo en las grandes catedrales, sino en estas maravillosas casas madrileñas del siglo XIX, en las cuadras de un cortijo, los caserones de La Mancha, incluso en una iglesia tan de tercera categoría como ésta de San Fernando, que sólo a través del fuego y la ruina encuentra finalmente su esplendor.

En resumen, ante el privilegio de codearse con esta suma de ensueños de lo que fue la arquitectura en otro tiempo, se opta por buscar una superación de la dialéctica integración/contraste por la vía del estudio de la estructura formal (que no visual) de las ruinas: escala y carácter, ante todo.

La escalera del aulario, en su difícil acercamiento al muro
descarnado de la iglesia, crea un sorprendente espacio
piranesiano, que nació de un cuidadoso ejercicio de ir
quitando en obra, poco a poco, todo lo que sobraba. La obra
dio la respuesta que en el proyecto no estaba tan clara.

Pero esto no se hubiese podido hacer si no existiera la posibilidad de seguir proyectando durante la obra, si no se pudiera seguir... quitando cosas.
Quitando capas, falsos techos, variedad, afeites (mal llamados acabados),
delicadeza, prejuicios. Es decir, que era preciso hacer aquello que tanto
contraría a la ilusión burócrata de que todo se defina en el papel, para no
tocar nada después. Como si nuestro producto profesional fuese esa traducción al papel, necesaria pero insuficiente, que llamamos proyecto, y no
la obra construida. En España aún tenemos esa esfera de libertad -cierto
que tantas veces mal empleada-, pero como no levantemos lanzas, pronto
tendremos, nosotros, una soga más al cuello, y la arquitectura una capa
más de edulcorada eficacia teutónica... y una capa menos de densidad.

Desde el momento del proyecto, el gran temor era que tratándose de una
obra de intervención, donde nos podíamos fiar sólo hasta cierto punto del
levantamiento (realizado entre jeringuillas, condones y restos de carte-
ras afanadas y destripadas), las decisiones tomadas en torno a la Iglesia
resultasen inviables a la vista del replanteo final. Todo lo contrario: la

El tono de la ruina impregna al aulario vecino.

escala del edificio imponía unas intervenciones por su propia naturaleza holgadas, al tiempo que los nuevos descubrimientos no hacían sino
facilitar la integración y la mejora: un sótano que dio lugar a bajar los
aseos a un lugar sin duda mejor, una cripta que se empleó a nuestro favor
para incrementar la tensión vertical en una última grieta generada en la
pared del altar, unas losas de piedra sorprendentes de las que más tarde
hablaré, una puerta con rejas en el altar que se reveló sobrevenida, y se
desmontó para integrar sus piedras en el muro de fachada a la plaza, etc.

Sin embargo, el aulario, que desde el principio parecía claramente definido,
resultó mucho más problemático (y no sólo por circunstancias de cimen-
tación que complejizaron la estructura del sótano de modo sorprendente),
porque las correcciones que a la vista del carácter del conjunto se podían
ir haciendo requerían la constante redefinición de materiales, acabados e
incluso estructura. Si el vestíbulo (originalmente con piedra mallorquina y
techo de planchas de aluminio) se hace mas duro, cambiando la piedra por
ladrillo de tejar como el de la fachada y el techo de aluminio por una losa

vista de hormigón entablillado, la fachada también evoluciona: la piedra blanca con zócalo de pizarra muda a ladrillo de tejar (con una cautelosa previsión de juntas y refuerzos) con zócalo de hormigón, como corresponde a un mejor acuerdo con su vecindad y al carácter de todo el barrio.

Pero es la escalera del aulario la que expone de modo más claro cómo el proyecto hubo de irse amoldando a la imponente presencia de la iglesia. Colocada al lado del muro lateral de su nave, en un principio se había diseñado como un objeto en sí interesante, con una sección compleja de viga de gran canto y plegadura volada de hormigón para el peldañeado, pero sin la conciencia de las resonancias que podría desencadenar la vecindad del muro, que se veía más con el temor de su (in) estabilidad que como objeto primordial del proyecto. Comprobada sin embargo la estabilidad, una vez limpio y empezada a montar la estructura, se descubrió, con asombro por no haberla intuido antes, la intensa presencia que podría tener ese muro en el espacio de comunicaciones verticales del aulario: una textura fantástica, llena de heridas y huellas de construcciones adosadas, grandes huecos que permitirían perspectivas insospechadas de la nave de la iglesia y la posibilidad de introducir una luz rasante, hasta el vestíbulo, que remarcase estas cualidades. Este espacio se convirtió en el centro del proyecto: reordenando la posición de los elementos sectorizadores frente al fuego, lo que era una escalera metida en una caja de vidrio y prudentemente aislada de su muro vecino, se convirtió en un espacio único, que por la especial disposición de los tramos adquiere una sorprendente verticalidad, y que a través de las sucesivas desnudeces entra en un acuerdo intenso con el muro descarnado de la iglesia.

Terminaré señalando cuatro decisiones que resumen muy bien las intenciones latentes en la intervención, en esta línea de identificación y activación de tensiones presentes en el edificio:

Primero, la permanencia del tambor de la iglesia como elemento referente en el barrio, y condensador de todas esas virtudes de la memoria y la construcción generosa de otro tiempo, que han sido invariantes rectoras de las decisiones de proyecto: la cúpula nueva se sitúa en la línea del entablamento del orden empleado en el cimborrio, a media altura del tambor. De este modo, el valor de ruina permanece inalterado, con el cielo visible a través de los grandes huecos del tambor; frente al inevitablemente desazonante efecto que produciría la cubrición si estuviera en el lugar original, con las ventanas negras y el evidente riesgo de contaminación de la imagen de toda la iglesia.

Segundo, y en la misma línea, la decisión de colocar los cristales de todos los grandes huecos de la fábrica antigua, tanto hacia la plaza como hacia la Corrala, con carpintería oculta y a haces interiores, logrando similar efecto de valoración de la potencia constructiva y ocultación de elementos distractores. En este sentido, es interesante valorar la vista que desde la plaza de Lavapiés por la calle de Sombrerete se tiene de la iglesia, en la que no se aprecia intervención de ningún tipo, y nada enturbia la majestad romana que con su impresionante estampa comunica.

Tercero, el suelo de la nave de la iglesia, que es el mismo que encontramos al comenzar la obra: un pavimento de losas de granito, colocado en los años setenta, cuando se acondicionó por última vez este espacio, y que parecía un vulgar aplacado, a lo sumo de tres centímetros de grosor. Sin embargo, la sorpresa fue al levantarlo: tenía una panza de hasta veinte centímetros, por lo que se decidió su reaprovechamiento. Colocándolo con otra geometría, sin importar el paralelismo, rellenando los intersticios con un adoquinado rugoso, y gracias al deterioro de los bordes producido por la manipulación, resulta que un material noble, que había sido reducido por un tratamiento irrespetuoso a pieza casi de azulejo, resalta con voz propia una vez dañado y castigado, y entra en resonancia con un modo de entender la construcción que llega de lejos, de lo que nos dicen las ruinas.

Y cuarto, la iluminación de la nave, a la bizantina, con luces colgando a una cota humana dentro de un espacio ritual: por un lado, la referencia a esa cota, dos treinta metros, de techo virtual, pero por otro, y éste el auténticamente buscado, el límite de una cota de luz, clara y cierta; por encima, de noche, la indefinición de los límites, más allá de la luz, entre las sombras.

Podríamos buscar referencias, afinidades, rimas... pero, ¿acaso son necesarias para comprender esta obra? ¿No resultan evidentes?

Afirmaba Stendhal no escribir para los lectores de su tiempo, sino para aquéllos que cien años más tarde supieran apreciarlo. A esta sentencia le daba la vuelta recientemente un novelista español, quien analizaba otra posibilidad, no menos interesante: ¿no será que en vez de escribir para quienes nos sucedan, deseamos escribir para quienes, en el pasado, admiramos, y sentimos siempre ahí, vigilantes, atentos, que no les podemos defraudar?

Contra la Gran Vía[23]

"...es una pena que el cuarto donde tiene su oficina sea tan pequeño. Es en el edificio más chicaguense de toda la Gran Vía, que como todo el mundo sabe es un híbrido perfecto de Nueva York y Albacete"

Andrés Trapiello, "La manía", 2007

Imaginemos un paseo desde el barrio de Justicia hasta Huertas. Casas y casas de un tono homogéneo, saludable, recio, ritmado, de un tiempo en que los artesanos sabían cómo hacer las casas y los arquitectos cuidaban apenas de la proporción de una fachada. Balcones desde donde observar la calle, atracción del momento. Huecos tan ingenuamente sofisticados que si hoy en día construyéramos casas con tantas capas y tanta delicadeza hacia el sol y el aire (rejas, librillos, lamas regulables, contraventanas, todo ello en paquetes que caben recogidos en el grueso del tomo, sostenible por grueso) estaríamos en la cresta de la ola por la sabia manera de entender la relación de interior y exterior (hiperespacio, se dijo en los sesenta, inventando un término para dar nuevo nombre a la pólvora, apenas entonces recién descubierta).

La calle de Hortaleza viene desde las nuevas manzanas desarrolladas a finales de los años ochenta en las huertas que fueron del convento de Santa Bárbara; se encuentra con la de Fuencarral, testigo reciente de horribles crímenes cuyo cronista responde por el nombre de Benito y llegó hace tiempo de Gran Canaria, en la red de San Luis, allí donde por aquellos años también un vasco llegado a estudiar reposa en un piso alto y mira el hormigueo de la gente desde arriba, para contarlo acaso cincuenta años después, ya famoso escritor vuelto del exilio al que la monarquía le expulsó. En el encuentro entre ambas calles, una suerte de Flatiron a la madrileña, es decir, sencillo y burgués, sin ostentaciones pero con seriedad, resuelve la difícil confluencia en ángulo bien agudo pero con la suficiente destreza como para hacerse famoso en la ciudad.

Poco más al norte, el terreno cae desde la calle de Jacometrezo hacia los caños del Peral, entonces manantes, situados a la vera de la última gran obra de aquel rey francés que quiso en su locura arrasar el centro de la ciudad para construir avenidas a la altura de su ego: unir el Palacio

[23] Marzo de 2008. Texto preparado para una exposición en las sedes de Madrid y Barcelona de Santa&Cole.

Real con el Palacio del Retiro, arrasando todo lo que encontrara a su paso, fuera nuevo o, pecado más grave, antiguo y señero, como lo era el Madrid de entonces, acaso aún permanente.

No tuvo tiempo de tales barbaridades y podría creerse que nunca más volverían tales tentaciones de destrozo a esta ciudad que todos los que quieren reconocen fea... pero de esa fealdad tan bella como la de Katherine Herpburn, a la que todos quisiéramos de novia, o cuando menos de amiga para disfrutar de esa extraña seriedad tan atractiva.

Pero no. Acechaba otra locura. La irrisoria necesidad de cortar por el camino de en medio, de los arrabales entonces de la Cuesta de San Vicente hacia el Prado, cortando a las bravas por la plaza del Callao, entonces aún no desfigurada, y por esa Red de San Luis, de la que no se sabe qué es más extraño, si ese apelativo de Red o el mero hecho de que tenga nombre algo que apenas es una fuente en medio de la nada... o del caos.

Adiós a ese paseo monótono y por ello grandioso, adiós a un tejido continuo, recio y serio, cabal, sensato, donde la vida daba tantas novelas que por un solo novelista recibió apellido.

Y Madrid tuvo la desgracia de que todo ello ocurriera de tal modo que la sutura de la enorme herida infligida en su centro hubiera de producirse en la peor época de nuestra arquitectura. Cincuenta años atrás y tendríamos una ciudad de una escala acorde a su entorno, regular, burguesa, apaciblemente burguesa; quizá sin excelencias, pero sin monstruos también (¿cómo se mide una calle, por lo mejor o por lo peor que es capaz de generar?); cincuenta años más tarde y quizá ya habríamos aprendido tanto acerca de la lectura de la ciudad antigua y el respeto debido, que nos habría salido también una arquitectura más amable, puede que más brillante pieza a pieza, seguro que más monótona, y por ello mejor. Es más, con un poco de suerte tampoco se habría emprendido la empresa, y eso que hubiéramos salido ganando todos.

Pero hubo de construirse en los años veinte de la desorientación, en los treinta del pasteleo, en los cuarenta del imperialismo y unos remates en los cincuenta de la banalidad nuevamente desorientada, cuando un edificio de quince plantas en la Gran Vía era igual que uno de quince plantas en la periferia, sólo que con un poco más de afeite en la fachada, para no desentonar (y aun así no son capaces de ocultar su profunda mediocridad y su estulticia constructiva). Nuestros abuelos arquitectos, los maestros de nuestros maestros (acaso ya de nuestros maestros una vez más) hubieron de rabiar en su juventud contra esa arquitectura anodina y fantasiosa, para encontrarse en su vejez con que era venerada, protegida, estudiada, admirada... probablemente no entendida por ver en ella mucho más que lo que realmente había.

Y la Gran Vía tuvo sus momentos de gloria. La más neoyorquina de las calles, decían admirados unos paletos manchegos que a un edificio de veinticinco plantas llamaban "rascacielos" (claro que, si de Madrid al cielo, a lo mejor era porque éste en Madrid se encontraba más bajo que en la Nueva York de verdad). Mala cosa ésa de tener que ser lo más otro para ser uno, síndrome alarmante de falta de identidad agravada con un complejo de inferioridad a ojos vista. Nueva York había que verlo en los años treinta para conocer la grandiosidad de su monstruosidad, la luna le parecía un anuncio de neón a Lorca, pero veinte años después los anuncios de neón apenas habían llegado a esa Gran Vía, quiero y no puedo de una ciudad de un millón de muertos, triste y con ganas de disfraces para olvidar.

Era la calle del estraperlista, de los cines que traían imágenes de otros mundos, de lugares de lujo que hoy en día ya sólo muestran los restos de un lujo que ya entonces debiera parecer penoso a quien de Nueva York viniera aquí para encontrarse con que la más neoyorquina de nuestras calles estaba construida en lo vertical a escala 1:5, y eso cuando llegaba.

Todo ello se fue, la novedad pasó, los grandes almacenes llegaron y lo coparon todo (bueno, no llegaron, nacieron aquí y se extendieron como un cáncer que todo lo mata), lo que fueron casas de alta burguesía mudaron en despachos, en oficinas, mientras todo el mundo quería llegar aquí con su seiscientos o con el haiga ya destartalado y de tercera mano... lo hubieran introducido en el lecho conyugal si no fuera porque afortunadamente las mujeres entonces aún no congeniaban por lo general con los automóviles... acaso el único freno racional en aquellos años duros en que los alcaldes todos quisieron llevar al coche hasta el meollo mismo de la Gran Vía, construyendo aparcamientos que con su poder de atracción empeoraban en lugar de mejorar el tráfico (Descalzas, Santo Domingo, Mostenses, Luna, Carmen...), contribuyendo con su suciedad a ennegrecer calles que renacieron grises después de su debacle. Se concentraron en las traseras de una calle que, a pesar de todo, nació sin entender el fenómeno de la circulación; traseras por donde engullir los coches, y me callo el símil para no resultar obsceno.

Pero ése fue su cáncer. Restañar heridas de cinco o seis plantas con quince provoca situaciones penosas, fachadas traseras que sólo lo son en la descuidada imaginación del arquitecto, pero no a cuatro o cinco manzanas de distancia; calles antes dignas y principales, reducidas a la triste condición de pasillos de servicio, al servicio del señorito nuevo rico de esos edificios tan principales, con sus fachadas historiadas, sus pasteles bajo los balcones o, en el peor de los casos, banalidad de barrio sobre un portal con festones y guardapolvos que no son capaces de ocultar la mediocridad de las mentes que los promovieron. Calles que acometen en ángulos imposibles a la nueva vía, generando problemas de circulación que nunca se resolverán, calles que para esos gigantes que les dan la espalda sólo sirven como aliviaderos para sus salidas de emergencia, y eso en el mejor de los casos, en el peor apenas para las basuras, los contadores, las entradas para el servicio y las instalaciones ruidosas y molestas.

Sólo así se entiende el descacharramiento de Mostenses, plaza inexistente o chiste de plaza, que mirando a un lado parece una ciudad y mirando al otro parece la bambalina sucia de una fiesta acaso de no muy buena prensa; o la zafiedad de Santo Domingo, recientemente reparada (y en esto casi ocurre como con la cirugía a quien se le quema la cara... se le tratarán de devolver los rasgos, pero ya para siempre será producto de la medicina y no de la naturaleza, con ese pasmo inevitable de resignación ante la desgracia); o la irremediable condición lumpen de las traseras de la Telefónica, con su prostitución de la más baja ralea, más aún que la exótica y deprimente de la calle Montera, víctima por partida doble, de la Gran Vía y de la inconcebible decisión de ampliar una calle retranqueando poco a poco sus edificaciones. Porque no es casualidad que el conflicto se cebe en donde la arquitectura produjo el caldo de cultivo, ejemplo manifiesto de la falta de inocencia de lo construido, que colabora desde su mendacidad a la germinación del delito, de lo más turbio de los negocios, cual protocrimen del cual habrán de descender tantos otros.

Cumplimos cien años del error y nos obstinamos en celebrarlo, como si nada hubiéramos aprendido, como si los discursos que se dan para otros no valieran para nosotros.

Se habla de rehabilitar el entorno de la Gran Vía, de recuperar socialmente Luna, Mostenses, San Bernardo, Montera, Santo Domingo... ¿y si para empezar deshiciéramos el error, fuéramos terriblemente modernos y, como la Piazza Navona nació de las huellas de un circo, hiciéramos nacer la ciudad recompuesta de las huellas de una ciudad antigua, que a pesar de todo allí sigue esperando?

Entrevista a Miguel Fisac[24]

Usted comenzó la carrera mucho antes de la guerra civil, por tanto en el antiguo edificio junto a San Isidro.

Menos el examen de segundo curso yo he hecho-toda la carrera en la calle Toledo.

¿Cómo era aquella escuela?

Bueno, aquella escuela era una especie de caserón viejo, viejo, viejo, con una escalera de madera, muy usada ... y eran unas habitaciones de un edificio del siglo XIX muy mal mantenido, cosas en las paredes ... en fin, como una casa vieja.

¿Y la enseñanza?

La enseñanza ... pues hombre ... muy entonada con el edificio ...

¿Cómo se vivió allí la construcción de la nueva escuela?

Se sabía que se estaba haciendo la Ciudad Universitaria, que estaba construyendo la escuela Pascual Bravo - al que tuve de profesor en el año penúltimo de Proyectos, porque el último lo daba don Modesto López Otero-, y era un hombre muy discreto, que hizo un edificio ... el que tenéis es copia de aquél. Entonces, se acabó la escuela de arquitectura y antes de terminar el curso 35-36, en que yo estudiaba segundo, nos llevaron al edificio nuevo para examinarnos, o sea que yo hice el exámen del segundo curso en la nueva escuela de arquitectura, que nos parecía gigantesca. Estábamos allí como nadando (en mi curso éramos diez, creo que fue el más pequeño que ha habido en la escuela; pero vamos, como mucha gente había dieciocho o veinte). Allí, claro, nos parecía un poco de desatino... ¡qué era aquello!

Entonces llegó el caos de la guerra; estuve escondido encima de un artesonado un año en mi tierra, la Mancha; después me pude escapar, y pasé por el Pirineo. Hice seis meses de soldado en la zona que se llamaba nacional, y luego estuve en ingenieros; allí me reclamó el general Lahuerta, padre de don Javier Lahuerta, catedrático que ha sido de la escuela, y me llamó como a Alejandro de la Sota y a algunos más, porque éramos amigos de Javier. Estábamos en Automóviles, y con ese motivo yo tenía bastante posibilidad de poder moverme con cierta libertad. Mi sección era de 72 camiones, y yo me dedicaba a llevar y traer gente al frente, más o menos en primera línea.

Cuando se entró en Madrid yo pasé con una especie de salvoconducto que daban. Pasó el general Dávila a su puesto de mando, y yo me dije, ¡agárrate a ése! Pasamos detrás como si fuéramos caravana del general y precisamente éste llegó a la Escuela de Arquitectura, de la que aún quedaba alguna esquina un poco útil -lo demás estaba barrido porque había sido campo de batalla durante toda la guerra-. Pues allí se acabó la función, paramos y luego ya andando me fui hacia lo que era entonces la cárcel modelo y ya llegué a Madrid. Realmente yo entré sin haber entrado todavía las tropas.

Tuvo que reanudar sus estudios ...

Sí, tuve que reanudar mis estudios, lo que resultó bastante penoso ... vamos, es que estuvimos tres años sin coger un libro, y sin estudiar, ni nada. Teníamos un deseo tremendo, y cuando dijeron que se podía uno marchar fui el primero que dije que me marchaba, porque no he tenido nunca ninguna afición guerrera ni nada de eso, y además no me gustaba a mí la milicia. De modo que enseguida que se reanudaron las clases nos metimos allí.

¿Cómo era esa escuela?

Pasó que como la escuela de arquitectura había quedado totalmente deshecha, tuvimos que ir la vieja y viejísima, y ya más vieja todavía escuela de San Isidro durante los tres últimos años -tuvimos que hacer cuatro cursos en tres años-. Y allí terminé la carrera.

Siendo tan pocos como había en su curso, y siendo talla situación de España, no extraña que dijese en alguna ocasión que allí quien se licenciase tenía veinte o treinta sitios donde trabajar. ¿Cómo fueron esos primeros meses de licenciado?

Lo que pasa es que un poco antes de terminar la carrera tenía yo amistad con un arquitecto recién salido, antes de la guerra, y estuve trabajando con él cuando cursaba quinto, así que ya me hice un poco cargo de las

cosas de las obras, de modo que en el año 41 yo ya empecé a hacer arquitectura.

Luego hicimos una exposición de pintura en la Carrera de San Jeróni-
mo; le pedimos al Director General de Arquitectura, que era don Pedro
Muguruza, permiso para que nos dejara, y al final nos inauguró la exposición. Muguruza eligió a tres de los que figurábamos allí como pintores
para que si queríamos fuéramos a su despacho oficial a trabajar. Nos
propuso ir una hora o dos por la mañana a hacer perspectivas que nos
encargaba, y accedimos los tres, que eramos Cabrero, Aburto y yo.

Llegamos allí en el momento en que hubo una catástrofe tremenda que
destruyó Santander. Lo primero que se tenía que hacer desde la Dirección General era reconstruir Santander totalmente. Luis Moya, Miguel
Artíñano, Bidagor ... hicieron una serie de planos, y a nosotros nos
encargaron que hiciéramos las perspectivas de esa reconstrucción. La
iglesia de los jesuitas que yo hice, la plaza porticada que hizo Cabrero,
la catedral que hizo Aburto ... Los dos últimos años fuimos allí, y nos
pusimos en contacto con la realidad. Hacia el final de nuestra estancia
apareció un chiquito que se colocó en un tablero que había al fondo; le
preguntamos quién era: 'pues soy un estudiante de arquitectura' ... 'y
cómo te llamas': 'pues me llamo Francisco Javier Sáez de Oíza' ... 'ah,
muy bien, pues nada...'. Nosotros éramos ya mayorcetes, tres años más
que él.

Entonces a mí Muguruza me dijo que si quería que yo me fuera al Ministerio y trabajara con ellos. Por otro lado otro arquitecto me ofreció
trabajar con él. Pero yo pensé que en la situación en que estaba aquello,
mientras me pudiera mantener como arquitecto por mi cuenta ... y así me
quedé.

No he tenido nunca ningún empleo ni he cobrado sueldos. Eso se podía
hacer en un momento en que había mucho trabajo.

Por otro lado, no me gustó lo de ir a la Escuela, porque yo no tenía
vocación de profesor, y sigo no teniéndola; creo que fue acertado, no lo
hubiera hecho bien: ni depolítico ni de profesor.

Sobre eso le quería preguntar. ¿Nunca fue profesor? Porque da la impresión de que sus escritos son muy pedagógicos, que causan mucho
impacto en los estudiantes...

Porque sé lo que quiero decir. Lo que yo he hecho ha sido ver mucha arquitectura, ésa ha sido fundamentalmente mi enseñanza, y darle muchas vueltas a la cabeza. ¿Libros que me pudieran enseñar? Pues no ... Yo me cogía un libro de arquitectura y me aburría tremendamente y sin embargo si tenía que ver unas obras de Mies van der Rohe, pues las veía; o de Le Corbusier ... Iba, las veía y les daba vueltas, y me gustaban o no me gustaban. Como consecuencia de eso me quedé muy aislado, y esto creo que es unaequivocación que cometí... pero... demasiado aislado y además sin colaboraciones ni nada, porque yo ya organicé una manera de trabajar en que no cabía colaboración.

Cuando me viene algún chico de la escuela, a decir, ¿yo le puedo ayudar?... ¿en qué me va a ayudar este hombre? Si yo los proyectos los hago en la cabeza, el tablero de dibujo no lo utilizo prácticamente nunca; lo tengo llenos de cacharros, de papeles. Yo no dibujo en el tablero. Tuve un tecnígrafo que al cabo de tres o cuatro años de llenarse de polvo veinte veces, pues lo quité y me dije: yo no tengo por qué tener nada de esto, porque concibo mi manera de hacer arquitectura en la cabeza, y cuando tengo el edificio hecho entonces empiezo a hacer unos dibujos para que los delineantes me pasen aquello en limpio.

¿Es entonces persona de poco croquis?

No es de poco croquis; yo hago croquis al final, o sea, cuando ya tengo la cosa hecha y hay que llevarla al papel para dibujarla, dibujo los alzados que doy a los delineantes, y en muchos casos incluso de las plantas les digo que tiren para arriba.. pero luego el cómo va a quedar definitivamente, esa sensibilización de lo que ya tengo hecho... Suelo poner el ejemplo, porque es muy gráfico, de una cara. Los finales nerviosos del cerebro van a unos sitios, los ojos tienen que estar separados una distancia, y tienes unasnarices que son una terminación de un sistema respiratorio, y luego viene la boca, que es el final o principio del aparato digestivo... Ya tengo yo eso, esto y esto ... ahora, aquello puede estar un poquito más grande, más pequeño, más junto, más tal... y de eso depende que una cara sea bella o no lo sea, y es lo que puede darme motivo de hacer mis croquis. Pero no el empezar por ahí, sino el terminar; yo termino por. hacer croquis, no empiezo ... y, claro, en ese sentido no hay quien me ayude.

Tengo por otra parte una cosa que para mí es buena pero para los demás no, y es que practico una manera .de juzgar la arquitectura durísima.

¿Por qué? Porque yo tengo que criticar para mí, pero también critico para los demás, y a veces los deshago.

Me acuerdo que cuando terminamos la carrera un compañero mío que era muy trabajador y buena persona, cuando ya habíamos terminado la carrera me dijo: 'oye, Miguel, quiero que me hagas una crítica dura de mi proyecto, pero dura, de verdad ...' Bueno, cogí y empecé a hablar, y cuando estaba hablando me encuentro con que se echa a llorar... '¡soy muy malo!' ... y dije, '¡no digas idioteces, lo que pasa es que yo soy un pedante y un idiota!' ... '¡Soy muy malo!' ... Se me quedó grabadísimo. '¡Dios mío de mi vida, por qué he dicho yo esto!' ... Lo deshice ... El proyecto era muy malo, efectivamente, pero claro ... como yo iba con toda mis ganas ... Él vio que en lo que yo le decía tenía razón, y que era muy malo. En principio me pidió que le hiciera la crítica porque se le figuró que era bueno; - no es que se enfadara conmigo, sino que se echó a llorar, y yo me quedé con una preocupación tremenda porque a ese hombre le había deshecho.

¡Hubiese sido terrible como profesor!

Pues en ese sentido hubiera sido terrible, y además a mí no me gusta lo de los suspensos y los aprobados y toda esa historia, y por otra parte yo tengo una manera muy personal y mía de entender la arquitectura, pero no estoy en posesión de la verdad. Aunque yo haya llegado a la conclusión final de que las cosas deben hacerse de tal modo. No creo que hubiera hecho nada bueno como profesor.

¿Y el ser tan crítico no le lleva a una situación de permanente insatisfacción?

Insatisfacción absoluta. Yo digo una cosa que puede parecer una pedantería, pero yo no me quedo satisfecho de ninguna obra.

¿Y cuál es su relación con la obras una vez terminadas?

Me interesan muchísimo hasta el último detalle que he previsto o resuelto... en el momento en que termino eso la obra para mí ha desaparecido, y cuanto menos la vea mejor.

¿Le importa sólo lo que le ha quedado a usted dentro al proyectarla?

Yo la he hecho con la mejor intención y deseo, y veo objetivamente algunas cosas que pueden haber salido bien y otras que no han salido. En conjunto hay que tener en cuenta que la obra de arquitectura la proyectas tú, la diriges tú, e incluso, como me ha pasado a mí en muchos casos la construyes tú, pero los demás tienen que hacerla con las manos, y tú te equivocas. Y la goma de borrar en la arquitectura es la piqueta. Si tienes una equivocación tuya tienes la obligación de tirarla y volverla a hacer a tu costa.

Es esos casos no suelo tener equivocaciones porque veo muy bien el ·espacio, y además la arquitectura es muy agradecida: quieres que parezca que esto está así, y luego, cuando se ve en la realidad es que parece que está así, que a cualquier cosa que apoyes en la arquitectura, la arquitectura te responde muybien, es la realidad. Por lo tanto mejora con la imaginación que puedas echarle, pero si tienes un defecto ahí ...

Cuando entro en una obra que he hecho yo, no veo más que las cosas que me fallaron; porque me fallaron a mí, porque fallaron al construirlas, porque ha pasado alguna cosa, o porque me han hecho unas reformas ... ¡que ya está bien con las reformas!

Tienes ahí por ejemplo la iglesia de los dominicos: tiene una serie de defectos, bien, pero a mí me engañó un señor que me hizo los bocetos de las vidrieras, y me metió unos azules donde yo le dije que de ninguna manera; y como se fabricaron en Suiza, yo no los vi directamente hacer.

Cuando yo entro allí lo único que veo son esos azules que me han estropeado todo el concepto espacial de la obra. En ese sentido sí soy muy duro.

    También tiene una ética profesional muy dura

Sí... tuve la suerte de que las primeras cosas que yo hice las hice por administración directa, porque entonces no cabía la cosa de hacer concursos, y realmente yo aprendí muchísima albañilería. De construcción entiendo mucho. Cuando voy con una empresa, importante o menos, estoy mirando con criterio de director de constructora, y eso les molesta una barbaridad: que sepas de lo que ellos saben y que les des alguna que otra lección. Por ejemplo, he llegado a algún sitio y he dicho, 'Por mi parte está bien, ahora, esto lo habría yo hecho a la mitad de precio, pero allá ustedes, yo lo que quiero es que este forjado esté bien terminado'. Y claro, el tío se pone malo, como si le dieras un puñetazo.

Proyectar siempre solo, ¿no le ha hecho sentir angustia en ningún momento, frente a un proyecto que no sale, o la duda de sus capacidades?

No, es el mejor tiempo que he vivido, y además hay un fenómeno curioso que me pasa totalmente inconsciente, y es que cuando estoy con un problema que tengo que resolver y que no sale, si sale me pongo a cantar instintivamente. Como yo voy pensándolo, estudiadas sí van las cosas, y en ese sentido me gusta una barbaridad.

¿Sigue usted proyectando?

Sí, cositas, las que me encargan que son muy pocas, pero vamos ...

¿Y tiene sus proyectos ideales, para soñar?

No ... porque creo que lo que te tienen que dar es el programa, y en un determinado sitio; una arquitectura en un sitio ideal, pues no, son tonterías, las cosas como son. Un arquitecto que hace unas rayas ... 'Bueno, hago unas rayas. , . ¡que lo pasen eso a ordenador, que lo pongan no sé qué, que las curvas las calculen, que vean la estructura cómo se va a hacer!' ... eso es una locura. Es totalmente perverso. El que eso además cueste miles de millones, y se construya, no se lo cree ni el arquitecto que lo ha hecho. Desde un punto de vista de enseñanza, negativo, negativo. Otra cosa son las consecuencias cívicas y ciudadanas de ciertos proyectos. El siglo XXI tiene que empezar por otro lado. Oía hace poco que tres mil especies diarias animales o vegetales se estaban destruyendo. Nos quedamos sin vida, el mundo lo hacemos un desierto como nos descuidemos mucho tiempo . El siglo XXI tiene que tener como criterio fundamental, esencial e imprescindible todo eso, y traer consigo una filosofía distinta, una manera de sentir distinta...

Cuando vine aquí hace cuarenta años, sufría los mosquitos, y tuve que colocar una mosquitera. Ya no los hay, ni los bichos que se comían a esos bichos ... Han desaparecido. Estamos en un momentoterrible en todos los niveles. Esta circunstancia especial de que haya gente dispuesta a gastarse dinero para hacer tal o cual edificio implica una serie de valores que difícilmente se pueden repetir. Hay obras hoy queson las consecuencia de una sociedad que no sabe por dónde ir. Los que sois jóvenes y empezáis vais dados. Tenéis que variar totalmente vuestro horizonte de futuro.

¿Mal futuro ve?

Difícil futuro. Lo que es necesario en vuestro caso es que sepáis daros cuenta de la situación en que estáis, de lo que podéis aportar. Creo que se pueden aportar muchas cosas. Pero no la firma, porque ha quedado totalmente devaluada.

¿Cómo ha encontrado el ambiente humano de la profesión?

No he tenido mucha relación. He visto masas tremendas de alumnos, y como en estos tres o cuatro últimos años toda esta conspiración del silencio que me han hecho se ha terminado, y todo el mundo se consideraba un poco responsable de esa situación, por una especie de sensación de culpabilidad ahora han querido desagraviarme. Esta es la verdad. Bueno, pues yo lo agradezco ... aunque me produjo un poco de extrañeza. Por ejemplo, en todos los concursos restringidos que se han hecho en Madrid, a mí no me han invitado nunca, y en los últimos concursos que hice, como se notaba que era yo, me eliminaban, como pasó con el concurso de la Ópera de Madrid, en que el equipo previo al jurado me eliminó.

¿La suya fue una vocación previa, o la fue descubriendo con el ejercicio de la profesión?

Pues no. A mí me gustó mucho de pequeño la zoología; más que buen estudiante era buen alumno, estudiar con los codos no lo he hecho, pero entre unas cosas y otras me defiendo bien y a mí si me dejan hablar no me suspenden. No había problemas, y me gustaban mucho por otra parte las cosas de los bichos ... y hacia los trece años, no sé por qué, sentí que lo mío era la arquitectura.

Arquitectura en un pueblo en que no había arquitectos, en que yo no sabía prácticamente ni lo que hacían. Fui planteando aquello, mientras estudié los dos últimos años de bachillerato en Badajoz, con un profesor de historia natural con el que aprendí muchísimas cosas inútiles – aprenderse cuarenta familias de coleópteros es una estupidez-; cuando le dije a mi padre, que era farmacéutico, y que quería que yo también lo fuera, que yo estudiaba arquitectura, me dijo que arquitectura que no: que eso es una cosa de la que tú no sabes nada, no tienes ningún enlace con nadie, que es una carrera además de gentes muy pudientes... y tal y cual.. . Bueno, pues un arquitecto oriundo de Daimiel, que era aquí jefe de bomberos, me dijo '¡Uy!, esa carrera qué va a hacer éste, de ninguna manera'... Pero el profesor que yo tuve, ése de los bichos, me dijo, 'Éste será lo que quiera'.

Total, que yo me planteé el problema de que tenía que ser arquitecto, no sé por qué, y entonces me recomendaron una academia de dibujo. Las matemáticas las hacía con facilidad y me puse a dibujar con mucho interés. Y aún conservo la carta a mi padre que le puso el profesor de dibujo al final del curso diciendo que su hijo pues era muy trabajador, y tal, pero que no tenía facilidades para dibujar. Y mi padre me dijo, 'esto es lo que dice este señor'. Y es que era verdad, pero 'o soy arquitecto o no soy nada. Voy a hacer una cosa, en vez de ir a la universidad, a hacer dos años de exactas, voy a ir a una academia de preparación'.

Me preparé para presentarme por libre. Me dediqué a dibujar, a ir al Prado, a ver exposiciones... hasta que aprendí; pero resulta que ese dibujo que yo hacía, y que me gustaba hacer, pues resulta que no le gustaba al profesor que juzgaba eso, que era don Antonio Flórez: me dieron dos cates que me debieron dar, y me dieron dos cates que no debieron darme. Y a la quinta vez me aprobaron. Y me dijo López Durán, ayudante, que habían querido volver a suspenderme, pero yo sabía dibujar y no pudieron.

    ¿Y qué ópina de ese modo de acceso a la carrera?

Pues no lo sé. Desde luego mejor que el que hay ahora sí debe de ser. Porque hace unos · días me llamó un profesor, vino aquí con alumnos de primer curso y me dijo que estaban estudiando Proyectos ¿En primer curso? No tiene sentido. Yo no digo que fuera perfecto aquel plan nuestro, pero yo ahora veo cosas muy extrañas. Suponiendo que hagan algo los señores que empiezan haciendo un proyecto, ya tienen el hándicap negativo de que tienen que quitarse los vicios de una cosa mal planteada.

Resulta especialmente bello lo que afirma usted acerca de que la arquitectura deviene arte cuando logra un 'no sé qué' que lo eleva por encima de la mera construcción . ¿Cuándo comenzó usted a descubrir esa perspectiva? ¿Sigue siendo un 'no sé qué' indefinible?

Sí, sí. Es que eso es el arte. Si realmente se crea belleza, se llega al arte. Ahora, eso es una intuición. No hay arte sin tensión ni belleza sin equilibrio. Yo me encuentro con una planta que me ha salido conforme a los planteamientos de un programa, y según una situación, etc., porque sale así. Pero ya sobre una base de una planta o de un concepto espacial luego dices... que esto me haga bien... ¿por qué yo tengo ese concepto?. Porque en parte puede que tenga esa sensibilidad, pero en gran parte también porque me he educado en eso. ¿Quién me ha educado en eso, porque en la Escuela no me lo han dicho nunca? Y entonces empiezo a pensar en mi vida ... Me doy cuenta de que primero me he pasado tres años haciendo copias de estatuas griegas, y que de una manera inconsciente lo que me ha hecho bien tiene unas proporciones griegas. La prueba es que un día me ponen el Moisés de Miguel Angel y digo ¿qué es esta cosa?...

Cuando el movimiento moderno en España está desprestigiado salgo de la Escuela. Lo doy por desprestigiado, y entonces me encuentro con que aquí se empieza a hacer una arquitectura muy mala, que hasta ahí yo tenía sensibilidad suficiente para saber que eso estaba muy mal. Era la anécdotade la arquitectura popular, el folklore en el peor sentido de la palabra. Yo me empeñé en ir al Japón, a estudiar la casa japonesa. Y en ver la arquitectura allí donde estaba construida, para hacerle preguntas, a ver qué me contestaba.

¿Cree que hay algún tipo de edificio especialmente favorecido?

Hay edificios, como son los de viviendas corrientes, que realmente tienen poco que hacer. A mí me han gustado las iglesias, soy creyente; aunque cada vez de una manera distinta (me sobran un poco las iglesias) pero bueno, el programa de una iglesia es muy bonito, con posibilidades espaciales. Hay otros programas muy difíciles, que más bien son de especialista, que de arquitectura tienen mucho menos.

En otro orden de cosas, por ejemplo la casa unifamiliar implica estudiar la familia, cómo quieren vivir; por eso en general no he tenido problemas con los dueños, siempre que no tengan preocupaciones estéticas; si lo que quieren es un tipo de casa determinada, por muy complicada que sea, me parece muy bien, y no tengo ninguna pereza por probar más soluciones. Me lo dijo mi profesor de la academia de dibujo: 'Cuando usted esté haciendo una mano y le salga casi bien, coja usted el trapo y bórrela, le tiene que salir bien'; y eso lo hago con toda facilidad en un proyecto al que he dado vueltas y vueltas, no tengo pereza en ese sentido.

¿Cómo ha sido su formación y su evolución en terrenos diferentes de la arquitectura?

Yo he tenido mucho interés por la pintura siempre. Cuando me quedé prácticamente sin trabajo me dediqué a la pintura; lo último que yo pensaba era hacer una exposición de pintura. Pero por diversas circunstancias acabé haciéndola, y además vendí veintitantas obras ...

La literatura me ha gustado mucho y he leído bastante, y me sé bastante poesía... Me acuerdo de memoria de algunos_autores ... he leído mucho, sobre todo clásico, me sabía 'La vida es sueño' casi entera ...

¿Cuáles han sido sus relaciones con los arquitectos de su generación?

Hombre, con los más directos, con los de mi curso, con Carlos de Miguel y los del Colegio que estaban entonces ... no he tenido la cosa diaria ... he tenido una amistad buena, y ha habido una relación en algún caso familiar, como con Sota o Cabrero, pero no ha pasado de ahí, del nivel personal.

En cuanto a la relación en la Escuela, pues yo creo que he acertado, porque no hubiera sido buen profesor y me he evitado muchísimos disgustos. Lo que yo sé, si alguien quiere venir y preguntar, pues estoy encantado de contestarle, porque creo es mi obligación y tengo mucho gusto; estoy dispuesto a hablar con quien lo desee, si puedo ayudar... Cada uno tiene que hacerse arquitecto, por supuesto, la escuela te va a dar herramientas, pero de ninguna manera te va a hacer arquitecto. Te lo tienes que hacer tú, de un modo más lento o rápido, claro u oscuro. Puedo ayudar como persona que ha estado metida en la arquitectura, y para hacer arquitectura, no para teorizar.

¿Podriamos decir que para usted la arquitectura ha sido ese modo de vida que muchos deseamos que sea?

Para mí ha sido muy esencial; es más, incluso en algunos momentos de mi vida ha sido una droga. Yo lo he pasado muy bien haciendo arquitectura porque para mí el hacer el proyecto era muy parecido a ver una película de misterio. Como no tengo cosas preconcebidas, como no tengo tabúes, yo voy y me lanzo a plantear el problema de lo que me piden, no a tener unas formas, como tenía cuando salí de la Escuela; como llego limpiando de recuerdos míos y de otros el tema del que voy a tratar, como si fuera nuevo, hago mis organigramas de funciones, tamaños... va saliendo, y luego cuando termina dices ¡hombre, qué cosa, vamos a ver si lo hacemos guapo!... y se acabó la función.

Eso a mí me divierte una barbaridad. Me lo paso estupendo, y veo que tenemos obligación de pasarlo bien, no con agobios. Si sale una cosa, pues bueno ... ¿y tenías tal o cual influencia? Pues no, después de las primeras cosas. Asplund conmigo no tuvo más influencia que el que vi que se podía hacer una arquitectura honrada, que yo le preguntaba cosas a su arquitectura y me contestaba. Me enseñó que se podía hacer una arquitectura actual sin el formalismo que se puede ver en los otros. Nada más.

¿Se puede decir que en su obra hay un placer por la realidad, por la materia, por la vida?

Mucho, desde luego. Y después de cincuenta y cinco años de ejercicio profesional sigo teniendo un entusiasmo tremendo; además a mí me gusta lo que me encarguen, me divierte cualquier cosa, y las hago con toda seriedad.

Continuará

Siempre la misma aventura, pero también siempre la misma desesperación y resignación

los proyectos nacen como una oscura apetencia de arquitectura pura, de masa y materia, de espacio claro y rotundo

aspiran a construirse con dos trazos y sobre un esquema claro

y a encontrar su forma hablando de construcción

hay un momento ineludible, en que todo lo deseado choca contra un tamaño, un solar, un programa

y entonces comienza la batalla

por meter las cosas en vereda, por conseguir no alejarse de aquello

por atrapar ese algo de arquitectura que siempre queda ahí lejos, inasible

y comienza también la aventura

a estas alturas he asumido que no es sino una aventura el proyecto

y me resigno a que de ningún modo sea lo que yo quiero

ni lo que busco

de un modo terco, como los novelistas nos describen, los proyectos acaban siendo algo que no es lo que buscábamos ni es lo que preveíamos

las obsesiones se quedan para otra ocasión, quizá para nunca

y el camino va adentrándose por donde no imaginábamos

el trabajo consiste entonces no en imponer una historia, sino en reconocer un hilo conductor

reconocer la fortaleza de lo que se va presentando para ayudarle a salir adelante, como uno ayuda a una mosca a encontrar la salida en la rendija de una ventana entreabierta

no hay manera de hacer la arquitectura que uno quería

luego, uno mira todos sus proyectos y se pregunta qué fue lo que los juntó

la tutela de una misma mirada, quizá

de ningún modo la autoría de una misma mente

porque es imposible

www.ingramcontent.com/pod-product-compliance
Lightning Source LLC
Chambersburg PA
CBHW020326160726
47992CB00004B/1719